语文教师专业技能培训用书

语文课堂教学技能训练教程

（第二版）

周小蓬　主编

图书在版编目(CIP)数据

语文课堂教学技能训练教程/周小蓬主编.—2版.—北京：北京大学出版社，2013.8

(语文教师专业技能培训用书)

ISBN 978-7-301-22768-8

Ⅰ.①语… Ⅱ.①周… Ⅲ.①语文课－课堂教学－教学研究－中小学 Ⅳ.①G633.302

中国版本图书馆 CIP 数据核字(2013)第 146261 号

书　　　　名：	语文课堂教学技能训练教程（第二版）
著作责任者：	周小蓬　主编
责 任 编 辑：	于　娜
标 准 书 号：	ISBN 978-7-301-22768-8/G・3643
出 版 发 行：	北京大学出版社
地　　　　址：	北京市海淀区成府路 205 号　100871
网　　　　址：	http://www.pup.cn　新浪官方微博：@北京大学出版社
编辑部邮箱：	jyzx@pup.cn
总编室邮箱：	zpup@pup.cn
电　　　　话：	邮购部 62752015　发行部 62750672　编辑部 62767346　出版部 62754962
印 　刷　 者：	北京鑫海金澳胶印有限公司
经 　销　 者：	新华书店
	730 毫米×980 毫米　16 开本　12.5 印张　200 千字
	2010 年 1 月第 1 版
	2013 年 8 月第 2 版　2023 年 7 月第 11 次印刷
定　　　　价：	49.00 元

未经许可，不得以任何方式复制或抄袭本书之部分或全部内容。
版权所有，侵权必究
举报电话：010-62752024　电子信箱：fd@pup.pku.edu.cn

主　编　周小蓬

参编者：（按姓氏笔划排列）

邓干基　古晓君　陈　斐　欧志华

林　晖　周小蓬　周立群　桑志军

唐　越　董芳远　顾咏梅　黎雪芬

第二版说明

三年前,怀着一定要帮助中文师范生提高语文教学技能的强烈责任心,在广东语文教学法教师的积极参与下,在北京大学出版社和华南师范大学的大力支持下,出版了《语文课堂教学技能训练教程》这本教材。这本教材出版后,受到很多中文师范生的欢迎,使用该教材的老师们也给予了很多积极的评价。从反馈意见看,应该说这本教材确实对中文师范生掌握基本的语文教学技能提供了很好的帮助。总结这本教材三年使用的情况,本教材大概有如下一些特点。

第一,教材具有基础性的特点。《语文课堂教学技能训练教程》内容能紧紧围绕初学当语文老师的同学的水平和要求进行编写,是入门类教材。

第二,教材具有集中性的特点。语文教师应具备的教学能力很多,本书并没有全面展开去写,而是选择了一些最基本和最重要的课堂教学基本技能来编写。这样就对初学者应从哪些能力入手来培养自己,有一定的指导意义。

第三,教材结构清楚,语言简明。语文教学知识介绍简明扼要,训练项目具体,操作性强。对初学者来说易于进入和掌握。

总之,对服务的对象定位准确是这本教材最大的特点。

在总结本教材优点的同时,其实我们也在不断思考怎样改进,使其更好地服务于中文师范生课堂教学能力的提高。在教师和学生使用的过程中,我们也深感还有进一步改进的必要。例如,本书基本上都是语文课堂教学能力的单项训练,综合训练就没有涉及,而学生真正走上课堂是要整合各种教学能力才能进行的,所以,加入一些综合训练的内容就显得非常重要。另外本书还有一些内容和字句需要随时间推移进行调整、修改。经过一番思量,我们决定增加"语文教学说课技能训练"这一章。说课能力是一项重要的技能。广州大学中文系林晖老师承担了这一章的撰写任务。这一内容可使训练内容更加完善,服务于中文师范生的作用发挥得更好。

在以上思考和努力下,特经过修改、增删,推出《语文课堂教学技能训练教程

语文课堂教学技能训练教程(第二版)

(第二版)》,以期更有效地促进中文师范生教学技能的提高。我们也衷心希望广大的读者继续支持这本教材的建设,多提出宝贵的意见。

由于我们水平有限,新版的教材也难免存在不足,希望各位老师和同学以及相关的人士批评指正!我们不胜感激!

我们还要感谢广大的读者和参与第一版和第二版编写的语文教学法老师,是你们怀着对母语教育的热爱和进取精神成就了这本教材的价值。

希望这次修订后的《语文课堂教学技能训练教程(第二版)》能够在训练中文师范生教学能力方面发挥更大的作用。

周小蓬
2013 年 6 月

第一版前言

高等师范院校肩负着为中等学校培养师资的重要任务。如何为中等学校输送合格的师资,这始终是我们要关注的问题。现在国际上非常强调教师的专业化。国内近几年对教师专业化的呼声也很高。恰逢基础教育课程正在进行改革,新的课程也呼唤更高素质的老师。在这样的形势下,检讨以往的高等师范教育,应该说我们在师范生的培养上,更多强调了理论的学习,现在看来,根据实际的教育教学的需要,加强对师范生的师范技能的培养,也是我们课程设置的一个不可忽视的内容。

中学语文教学是为学生终身发展奠定基础的一门重要学科。语文教师质量的高低直接对中学生听说读写能力的形成有关键性影响。老师除了要能够培养、训练学生听说读写的能力之外,还应该在听说读写等方面为学生做出示范。虽然多年来我们在对师范生的教学能力的训练上也在改进,但从总体上说,这种训练还有待更加系统化和更有计划性。

现在有关师范生技能训练的教材也陆续出版,虽说其中也有很多新的探索,有不少新的内容值得我们借鉴,但我们仍感到这些教材还有一些不足,如:有的教材涉及的能力项目太多,课堂教学不好落实;有的理论性太强,可供进行课堂训练的材料不足;有的写得太多,读起来很花时间。

鉴于此,就考虑编写一本从中文师范生能力水平实际出发,便于在课堂上进行语文课堂教学技能训练的实用教材。师范生应具备的能力有很多,都收入进来进行训练也不可能。这本语文课堂教学技能训练教程,紧紧围绕课堂教学的实际,精选了最基本的九项语文课堂教学技能作为基本训练内容。在这些能力中,又特别突出了对提问技能的训练。老师在使用这本教程对中文师范生进行教学法训练时,应特别注意加强这方面训练的分量。

这本教材也注意体现新课程的教学理念。如评价能力的训练单元,就涵盖了帮助中文师范生学会对中学生语文学习进行过程性评价的训练。教学反思能力一章也体现了新课程要求教师要成为研究型教师和反思型教师的理念。另外,本书还注意选取一些和当前语文新课标要求有密切相关的内容作为训练的内容和材料。如:在第一单元教学言语能力里,演讲这部分内容就是根据高中语文课程标准的有关要求选入的。既然高中阶段要求语文教师要培养和训练学生具有演讲的能力,那么,语文教师本身就应该首先具备这样的能力以及指导学生进行演讲的能力。这些训练内容都为中文师范生毕业后适应语文新课程教学的要求提供了有力的支持,为他们顺利进入语文教师的角色奠定重要的基础。

这本教材注意体现操作性。书中的每一单元都划分为两个大的部分,第一部分是概述,主要说明能力的概念和作用以及各项语文教学能力训练的要求。第二部分为能力训练,主要提供了能力训练所需的示范材料、所需的训练内容和方法指导等。从篇幅上看,概述部分只占本书很小的篇幅,绝大部分篇幅都是语文教学技能的训练。从训练材料的选择看,绝大部分的材料都来自课堂第一线,学生学过之后可以马上模仿和应用。需要向使用者提醒的是,这本教材在使用过程中,应该和理论性较强的《语文教学论》等教材配套使用才更有效果。

目 录

第二版说明 …………………………………………………………… (1)

第一版前言 …………………………………………………………… (1)

第一单元　语文课堂教学言语技能训练 ………………………… (1)

第二单元　语文课堂教学组织技能训练 ………………………… (16)

第三单元　语文课堂教学导入技能训练 ………………………… (38)

第四单元　语文课堂教学朗读技能训练 ………………………… (48)

第五单元　语文课堂教学提问技能训练 ………………………… (72)

第六单元　语文课堂教学板书技能训练 ………………………… (95)

第七单元　语文课堂教学评价技能训练 ………………………… (118)

第八单元　语文课堂教学体态语技能训练 ……………………… (132)

第九单元　语文课堂教学反思技能训练 ………………………… (143)

第十单元　语文教学说课技能训练 ……………………………… (158)

附录 …………………………………………………………………… (169)

后记 …………………………………………………………………… (189)

第一单元
语文课堂教学言语技能训练

训练导言

教学是一项复杂的工作,教师只有渊博的知识显然是不够的,他们还必须具备教师这个职业所需要的专业技能,课堂教学言语应该说就是教师专业技能中的重要一项。

语文课堂教学言语是语文教师在语文课堂上为实现引导学生学习语文基础知识,掌握语言运用技能,形成正确的情感、态度、价值观等预定的教学目的所使用的语言。它是语文教师组织有效课堂教学、提高课堂教学效率的重要手段,是语文教师课堂引导学生观察、思考、讨论、探究等的主要方式,也是师生思想、情感交流的重要工具。作为一名语文教师,良好的教学言语表达,不仅能吸引、打动学生,还能变抽象为具体、化深奥为浅显、转平淡为神奇,从而更好地提高语文课堂教学效果,优化语文课堂教学,甚至于还能对学生言语表达能力的提高产生潜移默化的作用。反之,不仅不能产生既定的教学效果,甚至不能实现既定的教学目的。

语文教师课堂言语表达的要求根据教育工作的特点和性质以及语文课程的性质和特点提出,具体表现为以下特点。

(一) 规范性

教师言语首先必须合乎规范的要求,语文教师更应该在正确运用言语方面为学生作出示范。规范的要求包括:语音规范、语法和逻辑规范、道德规范等。语文教师应该努力学会讲标准的普通话,发音正确,声音清晰;说话应符合语法、逻辑,没有语病;言语应文明礼貌,不用讽刺、挖苦或粗俗的言语与学生交流。

(二) 教育性

这是由教师的职业特点决定的,因为教师既要教书又要育人。语文学科的内容特点,使语文教师课堂言语中的教育性可以表现得更加自然充分。语文教师应有意识地让自己的教学言语既能够有利于拓展学生的语文知识视野,培养、提高学生的语文能力,又能够引领学生发现美、体味美、感受美,并在获得审美愉悦的同时产生积极向上的决心和热情。

(三) 启发性

学习是一种复杂的思维活动。学生学习的有效性直接缘于学生学习的主动性。学习是学生不断借助原有的知识经验去加工新的知识经验、建立新的知识经验的过程。学生能否积极参与并进行思考是学习得以有效进行的重要保证。学生怎样才能处于积极的学习状态?这有赖于教师的启发和鼓励。教师的课堂言语如能富于启发性,就不仅能唤起学生学习的热情,更能唤醒学生学习的潜力。

语文课中充满了诗情画意,充满了智慧和想象,如果语文教师能够满腔热情,想方设法去引导、启发学生,就会使学生的思维处于积极的状态,具有身临其境之感,就能够使学生在语文学习中,变得更为积极主动,富于想象力、思考力和创造力。

(四) 生动性、趣味性

语文课堂言语应该追求生动性和趣味性。生动有趣的言语能有效激发青少年的学习兴趣和热情,而且生动、有趣的语言更容易引发人的联想,从而使抽象的概念更易于把握,使事物的特征更加鲜明突出。生动、有趣的语言与语文课堂教学相伴,不难想象,课堂会更加充满活力,学生们的学习热情将随之高涨,喜欢语文、钟情语文,不再是难事。

◆ 案例评析

内容:《鲸》课堂实录片段[a]

教师:赵志祥(深圳市后海小学特级教师)

时间:2004年10月

地点:江苏南通海门东洲小学

师：到现在为止，这篇文章已经学完了。咱们已经掌握了大量关于"鲸"的资料，如果我让你们介绍"鲸"你们会不会感到困难？

生：不会！

师：如果我说海洋里的鲸鱼非常大，你们会不会跟我抬杠？

生：会，因为"鲸"不是鱼，它是哺乳动物。

（点评：故意说错并提问，激发学生思考，加深学生印象，同时也活跃了课堂气氛。）

师：对，它是哺乳动物，最多说它是鲸。但是我发现有许多人还在叫它鲸鱼，包括中央电视台某些著名的节目主持人。（笑声）怪不怪他们？

生：不怪。

师：怪他的小学老师没把他教好，（笑声）没有告诉他鲸不是鱼，叫它鲸就可以了。我想，咱们以后碰到别人的时候要宣传宣传鲸，告诉他鲸不是鱼。我们在这里还要举行一个隆重的仪式，成立东洲小学五年四班"巨鲸演讲团"，愿意吗？

生：愿意！

师：你们觉得谁当团长合适？

生：李南。

师：谁叫李南？站到前面来，我准备跟他竞争。你们为什么选他当团长？他做好当团长的准备了吗？

生：没有！

师：我做好准备了，准备得相当充分，我想当团长，他只能做我的团副，瞧，我名片都印好了，（发名片）谁站起来推荐我的名片？

（点评：看似不经意的"做好当团长的准备了吗？""我做好准备了，准备得相当充分，我想当团长，他只能做我的团副"，却把对学生的教育寓于其间：机会总是留给准备充分的人。另外，这种身份的假定，也自然地将学生带入一种假想的戏剧情节，使得原本枯燥的说明文教学课堂变得生动有趣，学生的参与热情被大大激发。）

生：（读名片）蓝鲸，巨鲸演讲团团长，体形巨大，长38.88米；食量巨大，每天吃4.88吨；力量巨大，赛过火车头。地址，银河系之太阳系之地球之太平洋。电话，1234567；传真7654321。

师：你读得不错，可以当秘书助理了。（笑声）谁来当秘书？

（学生争先恐后。）

师：都想当，那很简单，先做秘书的名片，既然做了秘书，你也是鲸，你也要有像我一样的名片，愿意吗？

生：愿意！

师：好，现在开始做名片。我这儿有空白名片，每人一张，拿过去做吧。可以仿照本团长的名片，选择一种鲸，要抓住最精彩的地方，用最简练的语言把你的特点加以介绍，让别人一看就产生好感。别忘记写上：巨鲸演讲团秘书。都是秘书，看谁厉害。现在打草稿，你们打草稿，我给你们发名片。写得不精彩的不发，我是花了好几天工夫做的，要是被弄坏了，我会心疼得不得了。（笑声）

（学生打草稿，教师发空白的印有鲸图案的名片）

师：打好草稿的同学可以直接用你的钢笔在名片上写，大家的字这么漂亮，完全可以不用打印，写出来的就像王羲之的签名一样，全是真迹。（生大笑）

（点评：看似一句玩笑，却寓赏识教育于其中，激起学生表现欲的同时，也使得"名片设计"作业完成得更好，课堂朝着教师的预设方向良性发展。）

（学生动手设计名片）

师：谁愿意把自己的名片跟大家分享一下？

（点评："愿意"一词的添加，使得教师与学生的关系更加平等友好；"分享"一词中又意味多多：以积极的方式，肯定了学生设计的名片，使学生信心大增；告诉学生"分享"是一种变一个人快乐为一群人快乐的值得提倡的合作方式。）

生：白鲸，巨鲸演讲团秘书，最酷之处颜色洁白无瑕，特点是载歌载舞，称号金丝雀。

师：好，不错。可惜这个"瑕"错了一点点。（生笑）

生：蓝鲸，巨鲸演讲团首任秘书，最酷之处，体重190吨，体长33米，食量每顿4—5吨，地址：银河系之太阳系之地球之巨鲸演讲团之秘书办公室，电话1111111。（笑声）

师：写的是不错，很有创意，不过有点功高盖主哦，（笑声）只能当第二秘书，不能当首席。

生：虎鲸，巨鲸演讲团秘书。最酷之处，牙齿多而密，可吃肉，食量巨大可吃蓝鲸！（笑声）

师：听听，要吃我呢，还想当我秘书？（笑声）他说"食量巨大可吃蓝鲸"，非也！难道吃蓝鲸就叫"食量巨大"吗？书上分明写着："有时候几十头虎鲸围着一条大蓝鲸，几个小时就吃光了"，而我们蓝鲸一口就能把你吞了，你食量大吗？"猛"不代表"大"，一字之差，你的秘书要撤了，（笑声）如果改过来，或许可以考虑。（笑声）

（点评：看似随意自由的课堂不乏恰到好处的文字点拨，而且点拨紧扣课本内容。）

生：我改，我改！（笑声）

师：你来，我想欣赏你的名片，看看你是不是可以担任本团长的首席秘书？

生：陆行鲸，巨鲸演讲团参谋，最帅，体型强壮，长7.8米；特长：上山下海无所不能。地址：银河系之太阳系之地球之太平洋之北美洲之小岛，电话：7891011，传真：1111111。

师：很有特色，他写的鲸叫"陆行鲸"，说的是四千五百万年前，既能生活在陆地上，又可以生活在海洋中的那种最原始的鲸，对不对？但是本团长有一个特点，太能的人，不能用，sorry。（生笑）

生：虎鲸，巨鲸演讲团秘书，最酷之处，牙齿巨大而锋利，长10—13厘米；猎物巨大，18吨以上，撕咬吞吃，速度极快，迅雷不及掩耳！

师：这个秘书本来可以当的，你写得非常精彩。但是你太凶了，它有这么长的牙齿，能让你当本蓝鲸团长的秘书吗？

生：不能！（笑声）

师：就没有一个能选上当我首席秘书的吗？

生：白鲸，巨鲸演讲团秘书，最美之处：体色，雪花的白色；体型，优美小巧；歌声，悦耳动听；美称，海中金丝雀。地址：银河系之太阳系之地球之太平洋。

师：之太平洋？改一改，在哪？

生：加拿大以北海域。

师：改成"之地球之加拿大以北之海域"。

（点评：语言表达严密准确是说明文语言的特点，也是我们表达中不可忽略的问题。就学生表达中的问题及时生成的思考会带给学生更深的印象。）

生：（读名片）白鲸，巨鲸演讲团小秘……（师生大笑不止）

师：为了维护本团的声誉，把这个"小"字去掉。（师生大笑，生拿笔修改）

生：（继续读）最靓之处：全身洁白，洁白无瑕；最动人之处：歌声悠扬，美妙悦耳；舞姿动人，可迷倒蓝鲸。（师生大笑）

师：好精彩呀！但是，一个专门想迷倒蓝鲸的白鲸，放在身边当秘书太危险！（师生大笑）

师：本团长现在是老眼昏花，不知道选谁了？很简单，下课后你们把名片送到讲台上，如果哪个老师认为你的名片好，在你的名片上画了三颗星，你到我这里来报道，行不行？

生：行！

（总评：这是《鲸》"拓展延伸"环节中的一个教学片段。赵志祥老师在整个教学过程中，考虑到小学生的心理特点及认知能力特点，语言和蔼亲切、通俗且生动有趣，最大限度地激发了学生的学习热情，高效率地完成了课堂教学。）

·思考链接·

（1）幽默生动的语言显然可以活跃课堂气氛、激发学生的求知欲望,你认为在语文课堂教学中还有哪些风格的教学语言是值得提倡的?

（2）《鲸》是人教版小学五年级语文教材上册的一篇说明文,赵志祥老师采用了这样的教学语言,如果是对初中、高中的学生讲授一篇说明文,你觉得赵老师的风格是否可以照搬?你认为怎样的教学语言值得提倡?

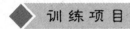

项目一：音色训练

音色是指声音的特色,是由发声物体、发声条件、发声方法决定的。每个人的声音以及钢琴、提琴等各种乐器所发出的声音的区别,就是由音色不同造成的。也叫音质。

每个人说话都有自己的特点,有人声音低沉浑厚,有人声音清脆响亮,有人声音温婉柔软……声音的特色是由发音器官的形状、质量以及发音的方式决定的。为使声音变得更加悦耳动听,教师可以在了解自己发音特点的基础上,借助恰当的训练,掌握正确的发音技巧,改变发音方式,改善自己的音色。

1. 呼吸练习

吸入充足的气流可以增强说话的响度。使横膈膜收缩下降,增大胸腔容积,这样可以容纳更多的气流。身体站立,肩膀放松,鼻腔、口腔同时缓慢吸入气流,直到不能再吸为止,同时使气流下沉,横膈膜收缩,然后在腹部肌肉和横膈膜的控制下,均匀地呼出气流,同时发出"啊"的声音。这样反复练习,体会增强气流和发音的关系。

2. 改善共鸣腔和寻找最适宜的发音区的练习

寻找最适宜自己的发音区(生活语言的音域通常在一个八度左右,在这个适宜的发音区内说话,就会感觉舒适自然,我们要了解最适宜自己的发音区,把讲课的调子定在这个区内),并仔细听自己的声音,研究自己音色的特点,练习改善自己的音色。声带振动发出的声音本来是微弱的,经过喉腔、咽腔、口腔、鼻腔的空气共鸣后,才使音量、音色发生变化,使声音变得响亮、优美。

·训练·

请用不同的音高朗读韩愈的《早春》：

天街小雨润如酥，草色遥看近却无。

最是一年春好处，绝胜烟柳满皇都。

项目二：吐字训练

吐字清晰是口语表达的基础。怎样才能吐字清晰，咬字真切呢？第一，要注意把字的声母、韵母、声调念准，做到字正腔圆。以"江"(jiāng)字为例：一般我们称 ji 为字头，发这个音时，要注意准确有力，否则整个字音必然会不清楚；称 a 为字腹，发这个音时，要注意响亮、圆润；称 ng 为字尾，字尾收音，唇和舌的位置应该到位，要收得住。第二，要注意防止讲话中的滑音。如讲话速度太快，把"天气近日变化较大要注意防止感冒"这句话中的"止""冒"读成轻声，会使人听起来含混不清。再如，有的人习惯连读，使音节发生新的拼合现象。如把"皮袄"读成"瞟"、把"先生"读成"星"，等等。

1. 绕口令练习

读下列句子，注意发音清晰，声韵准确，并逐渐加快朗读的速度。

（1）十四四十四十四，十四是十四，四十是四十，四十四只是四十四。

（2）红凤凰、黄凤凰、粉红凤凰放凤凰，红黄凤凰追凤凰。

（3）东洞庭、西洞庭，洞庭山上一根藤，藤条顶上挂铜铃。风吹藤动铜铃鸣，风停藤停铜铃静。

（4）乐山有座佛，佛前流着河，来了个老罗，赶着一群鹅，挑了对竹箩，老罗下了河，竹箩惊坏了鹅，鹅急坏了老罗，乐坏了大佛。

2. 请用自己的话描述下面这首诗的内容

一碗阳春面^b（诗歌）

这是一碗普通得没有任何浇头的面/自从面馆老板在碗里拌进了/善良与尊重/真诚与热情/这碗面便不再普通

这是菜单上价位最低的一碗面/自从母子三人从碗里捞起了/坚韧与团结/不

屈与奋进/这碗面从此就变得昂贵

你说这只是一篇唯美的童话/为童话而落泪是幼稚/这个世界欲望丛生/幼稚是一种罪——你的声音冷静得冒着寒气

我说即使心已被现实冻成坚冰/我们也没有理由漠视这碗面的热力/久违了的感动/需要不断温习

你说这已经是一个尘封的传说/为传说而动情是矫饰/这个时代真理都已贬值/矫饰纯属浪费——你的语气尖锐得令人生痛

我说即使人生已苍凉得不再有一星梦想/我们仍须承认/阳春面里的真情/永远是人性最原初的渴念

眼前这一碗阳春面/冒着它永远也散不完的热气/我们头碰头地把它吃下好吗/为了——不让它仅仅生长在樱花之国/不让它悄悄流传于多年以前/不让它成为一个孤本的故事/一件绝版的珍藏……

项目三：响度训练

每个人在讲台上讲一段话,要求让最后一排的同学能听清楚。

项目四：语调训练

语调是指说话时语音高低轻重配置而形成的腔调。它是说话人内在心理活动的反映。

苏联著名教育家马卡连柯曾说过,他是到学会用 15—20 种声音说出"走过来"这句话,学会面部、体态、声音表现 20 种不同的"语言"之后,才成为教学能手的。

(1) 试用不同的语调处理下面的话语。

① 你为什么要欺骗我

② 这次考试我们班的成绩很好

③ 同学们,你们做了一件很有意义的事情

④ 对于这样的事情你必须要搞清楚再下结论

(2) 自己创设教学情景,把要说的话写下来,然后用不同的语调表现,看看效果有什么不同。

项目五：拟定讲稿的讲话

根据讲稿讲话,能使说话人因心中有数而克服临场紧张和慌乱的心理,不至于因经验不足而语无伦次。教师讲课之前准备的教案就好似为上课讲话准备的一个稿子。

下面是针对一般的类型发言进行的一些讲话训练。

1. 拟讲稿

拟写讲稿要注意以下问题：

(1) 好文题。好的题目能够吸引听众的注意,让听众感兴趣。

(2) 中心突出、纲目分明。讲稿最好主旨单一,中心突出。讲稿的几个部分应该有简明的小标题,便于听众记忆,不致听了后面忘了前面。纲目分明,便于听众把握讲话的整个内容。

(3) 开篇新颖,结尾有力。讲话的开头是讲话者在听众面前的"亮相",好的讲话开头是讲话取胜的关键因素之一,它肩负着组织听众、吸引听众、疏通讲话者与听众的感情的特殊使命。

例如:下面是"关于美国历史"讲话的两个开头,试体会、比较它们不同的表达效果。

开头一:200多年前,地球上根本不存在一个美国。1977年7月4日美国出现了,后来成了世界各国瞩目研究的一个国家。那么,美国是怎样独立并发展起来的呢? 今天我们就来讲讲这个问题。

开头二:美国已经有200多年的历史了,美国是怎样独立并发展起来的呢? 今天我们就来讲讲这个问题。

讲话结束,一个精彩的结尾会起到锦上添花的作用,而冗长无力的结尾会削弱整个讲话的效果。结尾的方式多种多样,主要方式有以下几种:(1)以精练的语言概括全文;(2)以富于哲理、诗意的警句点明主题,发人深省;(3)提出要求和期望。

2. 用讲稿

用讲稿时应注意的问题:

(1) 根据讲稿进行讲话的时候不能只满足于流利地读讲稿,应该学会分配注意力,使自己一方面注意看讲稿,另一方面注意和听众进行交流。如眼睛注视听众,观察他们的反响;根据内容调整语气语调,增强说话的感情色彩;面部表情随讲话内容发生相应的改变;等等。为了追求讲话的最佳效果,还可以事先将讲稿熟练背会,这样讲话的人可以更充分地利用各种手段,如手势、表情等,表现讲稿的内容。

(2) 有讲稿仍需要有比较强的应变能力,能够根据发生的情况临场进行调整和发挥,所谓话因人异、话随境迁。除了在言语上追求清晰、流畅、响亮、口语化的完美表现,在重音、停连、节奏变换及手势语的运用等方面精益求精外,讲话者还应根据听众的反应适时调整讲话内容及状态。卡耐基研究所对如何能吸引听众注意的问题做了一番调查,发现听众最欣赏的话题,正是每个人特定生活背景中的经历,早期与成长有关的内容、兴趣和爱好,特殊的知识领域,不寻常的经历,理想和信念等等。

·训练·

请结合自己的生活实际,自拟题目,写一篇讲话稿并进行试讲。

项目六:按提纲讲话训练

练习按提纲讲话对提高运用教学语言的能力有十分重要的意义。一些年轻的教师,上课常常不能脱离教案,若照本宣科,则不能根据课堂情况的变化适时调整讲课内容,及时生成发挥,妨碍了师生间教与学的互动,大大抑制了学生的学习热情,影响了教学的质量。如果具备了按提纲讲话的能力,则可以为在课堂教学中有效自如地运用教案奠定基础。

·训练·

请先选择一个内容简单、自己熟悉的题材,自定题目,写出讲话提纲(所列提纲要求中心明确,结构清晰,逻辑严密),然后根据所列提纲进行讲话练习,并请老师同学作出评价。

项目七:即兴讲话

即兴讲话,是对眼前的情景有所感触,临时触发兴致而在多人或众人面前所作的讲话,也可以是临时应邀而作的讲话。

即兴讲话是讲话的一种形式,具有讲话、讲演的基本特征。它是面对多人发表意见,这一点与谈话的双向交流思想的形式不同。它也不同于一般的经过准备的正规讲话,相比之下,它有以下不同的特点:

第一,讲话的临时性特点。即兴讲话,一般都未经事先准备,没有讲稿,没有资料,是讲话人临时有感而发,或者被他人提议、邀请而临时讲话。临时性是即兴讲话的第一个特点。例如,闻一多的《最后一次讲演》,就是有感而发的即兴讲话。

1946年7月11日,国民党特务在昆明用无声手枪暗杀了民盟负责人李公朴。在为李先生举行的追悼会上,事先没有安排闻一多讲话,但当李公朴夫人、李公朴惨案的目击者张曼筠女士声泪俱下地讲述李先生死难经过时,会场的特务肆意捣乱,气愤之际,闻一多先生不顾个人安危,跳上讲台,即兴讲了一番气壮山河的话;讲话后的几个小时,他被特务暗杀了。这就是著名的《最后一次讲演》。

第二,话题的单一性特点。即兴讲话,因为没有经过事先准备,临时起意,临时思考,加上特定的场合和情景不适宜作长篇讲话,所以一般都是讲一个话题,不涉及更多更复杂的话题。例如,郭沫若先生的《在萧红墓前的五分钟演讲》,就是围绕"年轻精神"这一个话题来讲的。

第三,内容的短而精特点。即兴讲话不仅话题单一,而且一般都是围绕一个话题列出几点或者几个层次来讲,不拖泥带水,不节外生枝,不画蛇添足。

即兴讲话在教师的职业活动中大有用处,在教师对学生的教育、管理活动中也经常发挥着重要作用。学生中经常会突然地发生一些问题,教师处理这些问题的时候,需要面对学生发表自己的意见,因为教师不可能事先预料到会发生什么问题,所以也不可能事先准备讲稿,这就只能作即兴讲话。如果一个教师离开讲稿就讲不了话,或是不得要领,或是语无伦次,或是讲不清理,就不能有效地说服教育学生,管理工作做起来也就很困难。相反,如果一个教师善于即兴讲话,临时讲起话来能抓住要害、表述清楚、说出道理,就能有效地说服教育学生。这是教育实践所反复证明了的。

例如:江苏省丹阳师范学校的汤金洪老师记叙过他当班主任时处理过的一件事,下面是他的自述:

期中考试到了。一天上午,我班考语文,监考的是一位年过半百且很有个性的老教师。考试铃声一响,监考老师刚跨进教室,教室后面的角落里就传来了一个声音:"哟,×××监考么!"(×××是监考老师的名字)这位教师非常气愤,大声吼道:"我的名字是你们叫的吗?有胆的站起来!"顿时,教室里一片寂静,紧张的气氛简直令人"窒息"。五分钟过去了,竟然没有一个人敢站起来。监考老师更加火了,便要周围的同学"揭发",否则,就不让大家考试。班级气氛越来越紧张。我闻讯赶到教室,了解情况后,就心平气和地对大家说:"同学们,人的名字有两种功能,一是'符号'功能。人名作为一种符号,是供人叫的。但是,叫人的名字也要分场合,看对象。比如,你妈对你爸直呼其名,既自然又大方。但你对你爸直呼其名,在我国的传统习俗中,就显得有失修养和尊重。同理,学生当面直呼老师的名字,不仅有失分寸,更是不礼貌的表现。人名除了具有"符号"功能以外,更重要的还具有'人格'功能。它告诉人们,你是否是一个诚实、正直、勇敢、堂堂正正的人。这位同学可能是因为考试紧张,一时说漏了嘴。但我相信,你不是故意的,更相信你的人格是诚实、美好的,你一定会敢于战胜自我,勇于承认错误。考试结束后,老师愿意随时在办公室恭候你,相信你一定会来的。"我的一番话,立即缓和了僵持许久的局面,同学们爆发出了热烈的掌声。第二天一大早,我刚上班,就发现一份"检讨"已静静地放在了我的办公桌上。

(点评:汤老师一番成功的即兴讲话,既圆满地解决了一个棘手的问题,又有效地教育了全班的学生,取得了明显的成效。它使我们看到了教师即兴讲话在教育工作中的重要作用。)

· 训练 ·

以小组为单位,自拟题或参考下列题目进行即兴讲话:
(1) 怎样改正不良的生活习惯?
(2) 为什么应该积极参加班集体活动?
(3) 学生上课不守纪律有什么危害?

项目八:演讲训练

据说西方社会学家列出了人在生存竞争中战无不胜的三件常规武器:第一,舌头;第二,电脑;第三,美元。说话能力排在第一,其重要性就不言而喻了。演讲是一门语言的艺术,演讲能力是一个人所需具备的一项很重要的技能。古今中外,演讲在各个领域都产生了重要的作用。古人刘勰说:"一人之辩,重于九鼎之宝,强于百万之师。"这句话充分点明了演讲的巨大力量。拿破仑的《在蒙特洛特战役中的讲话》激励了正处于疲惫状态的军队,为军队注入了力量,使军威大振,扭转了眼看就要失败的局势,使军队出乎意料地打败了阵势强大的对手从而取得了转折性的胜利。马丁·路德的《我有一个梦想》征服了在场的所有听众,激起了人们对不合理的黑奴制度的强烈反对,使人们对政府的针对黑人的歧视有一个深刻的认识,启发了热爱和平、平等的人们对平等自由的渴望,促使了解放黑人运动的顺利进行,它流传至今,成为他为黑人的解放所做的努力的印证。苏秦在六国的演说导致了合纵连横的实现,改变了当时的政治格局。随着社会发展,演讲日益被人们重视。

演讲既是一门学科又是一项技能,这就需要理论和实践相结合,并以实践为主,理论为辅。俗话说:"三年胳膊五年腿,十年练就一张嘴。"这说明,演讲这项技能难度很大,并非一朝一夕就能学好。同时,也点出了学好演讲的最基本的方法就是练,就像学游泳一样,必须下水。演讲如果光学理论而不亲自走上讲台实践是永远也学不会的。演讲还是中学生必须具备的一门语言艺术,教师不仅自己要有演讲的能力,还应培养学生的演讲能力。

下面从"怎样写演讲稿"和"怎样进行演讲"两个方面加以说明。

1. 怎样写演讲稿

演讲稿结构的一般模式由意义各不相同的三个部分——开头、正文、结尾——所组成。从形式上看,这三个部分各自独立,各有各的意义和作用;从内容上看,则是统一的,是同一个主题、题材和材料在不同部位的表现,要达到的是同一个目的。开头处于演讲稿的重要位置,应该力求迅速引起听众的注意,力避拖沓、冗长和客套;结尾则在于使整个演讲给听众留下一个完整、清晰的概念,力求做到揭示题旨、加深认识、促人深思、耐人寻味,文字不可过长。正文的模式则较多,这里介绍其中的两种:议论式结构模式和叙述式结构模式。

(1)议论式结构模式。即以普通论文方式安排的结构。由提出问题、分析问题和解决问题三部分组成。一般只提一个问题,得出一个结论。结构顺序一般是问题在前,分析论证在中,得出结论在后。

(2)叙述式结构模式。即以听众的心理线索安排的结构。主要以趣味、情感打动听众,像小说、故事的开头。不明显分出问题、论证和结论的各部位,主旨于夹叙夹议中显露;所叙述的几件事或以时间为序,或以空间为序,从引人入胜的目的出发进行安排。

2. 怎样进行演讲

在会场上演讲,有两个基本的要诀:一个是自信与勇气,一个是在众人面前保持从容清晰的思维能力。这两项能力的获得,并不像一般人所想象的那样困难,因为这些条件并不是先天赋予的。那么是否有一个理由,让你直立在众人面前之时,便不能像你坐着的时候那样思想呢?当然,你知道并非如此。事实上,你应当在面对着众人时更能思想。因为一群听众的在场正是对你的刺激,促使你的脑子更清楚敏锐。在这个时候,意见、事实、理想皆涌现于脑海,使你不得不逐一表达出来。

思想是最有力量的,你必须保持正常的心理状况——勇敢、坦白、愉快地去用你的脑子。

很多大演讲家,当他们最先在会场上演讲时,都曾为难解的不自在及惧怕的心情所苦,后来经过苦练与学习,把这种痛苦的心情减除了。美国大演讲家詹宁斯,他自己曾经承认在第一次尝试时,两个膝盖颤抖得碰在一起;美国幽默天才马克·吐温说他第一次在会场上演讲时,觉得满嘴像塞满了棉花,脉搏跳得像在赛跑争金杯。其实,世界上还有许多著名的演说家,他们第一次在会场上演讲也都是失败的,这跟演员第一次登台表演有同样的情形。

罗斯福说:"每一个新手,常常都有一种心慌病。心慌病并不是胆小,乃是一种过度的神经刺激。"改变心慌,获得勇气,保持冷静的头脑,这一切是可以从不懈的练习上得来的。

发音:字正腔圆,准确断句,抑扬顿挫,张弛有度。

表情:这里指的是面部表情,即眼、眉、嘴以及头等配合讲词的协同动作。这些动作要完全服从于讲词的需要,是"自然而然"的,从生活中来的。台上的表情可以比生活中稍为夸张,但不宜过分,给人以做作之感。尤其不能因"演"而"讲",因"演"而"讲"则会显得"虚假"。表情中尤为重要的是眼神,自然地平直向前、能与听众交流的眼神是好眼神,好的眼神能"拢"住全体观众。瞪天、看地、盯住台下一隅或者飘忽不定的眼神都要纠正。

站位:演讲比朗诵更自然,更自由,可以随着讲稿的内容而变化站位。演讲者可以要求相关方面在演讲台前正中安一个话筒,以增加音量和效果。这样,演讲者一上台,就站在台前正中的话筒前。脚跟应靠近,腿站直,显得精神。虽然不必如体育课"立正"般僵直,但是切忌双脚分立,那样显得粗俗松垮。站好以后和演讲中,又切忌脚尖点地,脚跟颠颤,这是小同学常犯的毛病,有人把这种动作叫"踩电门"。在演讲过程中,有时候可以稍微向左、右、前、后做些动作。

手势:人在演讲中使用最多、动作最大的要算手势了。它可以随着内容的需要向上、下、左、右、前、侧各个方向挥动。就是在同一个方向还可以有手心向上、向下、向内、向外之别。还可以用拳。手势可单手,可双手。这些都没有机械的规定。在使用手势时要注意三点:胳膊不要伸得过直,以免僵板;手指不宜弯曲,以免拙笨;手势运用要和它所配合的那句话同始同终,以免分裂。

此外,还应注意演讲时间不能太长,要学会"见好就收";应注意知识积累,使演讲"出言不凡";等等。

·训练·

请阅读下面这篇演讲稿节选并修改和完善它。

拨动学生的心弦[c]

就让我从参加的活动说起吧。前年四月,我有幸听了一位来自山东的语文老师的一堂课。当时课堂设在一家剧场的舞台,台下是参加会议或观摩的老师,台上是上课教师。不同的是,她从不去翻看课本、备课笔记,而是在讲台前、课桌间自由走动,时而配乐朗读,时而即兴板书,时而激发学生想象,时启发思考,从容地与学生交流,像节目主持人那样娴熟自如,师生配合得那样和谐、完美,给包括我在内的每一位听课者留下了很深的印象,使我想了很多很多。

踏入新世纪,我作为一名立身于坝下中心的语文教师,深感无限自豪,又觉责任重大。我校提出的"素质教育、科教兴国、争创全县重点小学"这一串烙满时代教育印记的鲜明口号,回响在我们耳际,震撼着我们的灵魂。

然而,要实现这个目标,要让贫瘠的土地上长出绚丽的鲜花,结出累累的硕果,要让学生成为未来社会的建设者和创造者,我首先必须做到的是:立足于讲台,开拓教室空间,用新鲜的活水浇灌求知的心灵,用灵动的智慧的音符去弹奏学生的"心灵之乐"。

40分钟的课堂教学,是我们传授知识、培养能力的前沿阵地,也是我们发挥才智、谱写青春事业的立体大舞台。为什么我们满腔热忱地走进课堂,但有的学生听课却提不起精神,恹恹思睡?为什么我们有时花大力气备课、教课,尽力去完成教学任务,而效果依然不理想?为什么我们把自以为好的东西塞给学生,毫无保留,学生的能力却依然平平?这其中固然可以找到多种原因,但我觉得重要的一点,恐怕是我们所教的内容⋯⋯

注释

a 赵志祥.《鲸》课堂教学实录[OL].华语网,[2007-04-02]. http://www.thn21.com/heart/lu/3312_5.html.

b 邬建芳,袁卫星.邬建芳、袁卫星的课堂实录[OL].中学语文教学资源网语文论坛,课例研讨.[2004-01-31]. http://bbs.ruiwen.com/cgi-bin/view.cgi? forum=8&topic=378.

c 陈兆奎.拨动学生的心弦[OL].初中文史网,优秀教师演讲稿.[2008-05-11]. http://www.czwsw.com/jxlww/ShowArticle.asp? ArticleID=16751.

本章参考资料

李景阳.中学语文教学能力训练教程[M].西安:陕西人民教育出版社,1994.

第二单元

语文课堂教学组织技能训练

训练导言

语文课堂教学的组织是语文教师在课堂教学过程中将学生的行为与注意力加以组织调控引导,为建立和谐的教学环境、促使学生充分发挥学习主体作用并达到教学目的而采取的一系列教学行为方式。

语文课堂教学的组织这一概念包含三层含义:其一,它是语文教师的一种行为方式,语文教师凭借语言、动作、身姿、表情等外显行为向学生传递信息,与学生交流;其二,它是为达成教学目的对学生参与语文学习的组织;其三,它是在语文课堂教学情境中进行的,受到课堂教学时空的限制。

语文教师组织课堂教学不是单纯的教学过程,它贯穿于整个语文课堂教学的始终,是课堂教学的支点。语文课堂教学能否顺利进行,学生的课堂学习效果怎样,都与语文教师的组织教学能力有着密切的关系。当课堂教学的组织安排与具体的教学对象、教学内容相适应时,就能有效地稳定学生的学习情绪,唤起学生的注意,保证语文课堂教学正常而有序地进行,从而取得最佳的课堂教学效果。

长期以来,语文课堂教学习惯于单一的组织形式,语文教师是课堂上语文知识的权威者和课堂的主宰者,教师和学生的关系是"教与被教"、"给予与接受"的关系,这种传统理解在很大程度上限制了课堂教学改革的思路,限制了语文教师和学生在语文教学过程当中行为方式的变化。随着语文新课程标准的颁布和新一轮语文课程改革的深入,语文课堂的组织教学也在发生重大变革。新课程对语文教师的课堂角色作出了新的定位,提出"教师是学习活动的组织者和引导者",把教师作为"组织者"放在第一位,可见组织教学对语文课堂教学的重要意义。为了与新课程同步发展,语文教师必须由传统的知识传授者转变为学生学习的组织者,对教学

第二单元　语文课堂教学组织技能训练

过程进行新的组织和设计，建立新型的师生关系，极大地促进学生在语文学习过程中积极性、创造性的发挥，为课堂带来生动活泼的变化。

语文课堂教学的组织是语文教师对学生、教材、环境等要素的组织、引导、协调、应变，是极其复杂的心智活动技能。要组织好课堂教学，必须符合以下基本的要求。

（一）科学性

组织语文课堂教学必须科学有序。语文教师和学生在课堂教学中的组合是否科学，直接影响了教学效率。语文课堂教学要素中最重要的是学生，因为没有学生就没有学习，没有学习就没有教学。教是为学服务的，教不能统治学，也不能代替学，教师的教是组织学生学，启发引导学生学。所以，语文教师组织课堂教学不应从教出发，而必须从学出发。语文教材内容的编排，课堂教学内容、方式方法的组织设计，都应整体计划，循序渐进，力求符合学生的认知规律和身心发展特点。脱离学生实际和语文课程特点的拼凑教学是无序的、不合理的，必然导致课堂教学活动的低效和失败。语文课堂的科学有序与其他要求相辅相成，是语文课堂教学高效的最根本保证。

（二）灵活性

组织教学的灵活性体现在两大方面。第一，课堂时空的灵活开放。传统的语文课堂教学把课堂圈在45分钟和狭小的教室，固定的时空束缚了教与学的行为方式。教师讲，学生听，忽视了学生学习的主体地位，不利于充分发挥学生的学习潜能。这种让学生"静坐"的单一教学组织形式显然已不适应新时期的语文课堂，重新组织课堂教学，采用多样化的形式，灵活开放，是语文新课程改革的必然趋势。例如，从学生的发展角度出发，可以改变原先座位固定的机械方式，采用自由组合（兴趣爱好相近）、规定组合（教师根据学生的实际情况以保证最佳效果而分组）和交叉组合（合作交往学习中学生根据学习需要随时调整组别）等方式。将惯常的全体向着老师的"秧田型"空间形态适当地改变为"马蹄型"、"T型"、"（半）圆型"等多种有利于学生交流合作的开放式学习群体空间形态，这种座位方式的改变，也为教师巡视了解学生学习情况、及时点拨反馈提供了方便。又如，课堂也可以从封闭走向开放，走向生活和家庭，走向自然和社会，学生在这种语文课堂时间、空间的拓展中，加强体验，获得真正有用的实践知识和能力。第二，教学方式方法的灵活多样、随机应变。教师单一的教学组织行为，使学生只能机械地记诵、练习，语文素养未得到全面提高,学习兴趣淡化甚至消失。变革教学行为方式方法,就是要变"满堂灌"为师生共同参与。例如,加强课堂教学与现代信息技术的有机整合,建立网络化课堂教学,为学生的自主、合作、探究学习创造更好的条件。

(三) 综合性

语文是综合性、实践性极强的课程。语文新课程把综合性学习不只作为方式,更作为一种课程组织形态,"主要体现为语文知识的综合运用、听说读写能力的整体发展、语文课程与其他课程的沟通、书本学习与实践活动的紧密结合"。因此,组织课堂教学要充分认识语文的综合性,突破"学科"中心,"教师"中心,力求立体设计,组织引导学生综合运用语文知识和其他知识去分析问题、解决问题,从而促进语文素养的整体提高。如果语文课堂教学长期自我封闭,割断与其他学科的联系,割断与生活的联系,割断与社会的联系,语文教育功能必将随之萎缩,学生也将会变成知识单一、缺乏活力的人。"语文综合性学习"的提出,为当今的语文课堂教学注入了生机与活力,使语文教师开始注重教学内容的综合、教学手段和学生学习方式的综合以及教学时空的拓展延伸,让学生积极主动、生动活泼地提高语文综合素养。

(四) 互动性

苏霍姆林斯基说:"学校里的学习不是毫无热情地把知识从一个头脑里装入另一个头脑里,而是师生之间每时每刻都在进行心灵的接触。"整个语文课堂是师生群体在多形式交互作用中的活动,充盈在师生之间的是一种精神氛围,师生在交往中共同获得发展。语文教师在课堂教学中要充分体现组织者的角色,由灌输知识、主宰课堂、照搬教案转变为组织对话、鼓励参与、互动交流、归纳评价,充分调动每一位学生的语文学习积极性,让他们讨论质疑、探究创新,使课堂成为师生快乐成长的天堂。组织教师、学生、编者、文本之间真诚对话的前提是教学中既要发挥语文教师的全面组织能力,又要鼓励学生主动组织,自由选择。长期以来,学生总是"被组织"的,虽然我们也竭力倡导学生的主动性,但却始终没有把"主动权"真正归还给学生。语文课堂应是学生心灵舒展、个性弘扬、情感释放的场所,课堂应是学生意义建构、形成新知的肥沃土壤。因此,语文教师在课堂中必须放弃"一言堂"的教学方式,尊重学生主体,加强师生互动,把教师的组织与学生的自主组织结合起来,给学生自由选择学习内容和方法、自由选择同伴、自由表达观点的机会,从而将课堂教学组织的功能发挥到极致。

(五)民主性

民主是语文新课程的重要理念。民主最直接的体现表现为课程实施中学生能够平等地参与。没有主体参与,只有被动接受,就没有民主可言。要想顺利组织、引导学生开展语文课堂学习,就要建立民主、平等、彼此信任和尊重、相互合作的师生关系和生生关系,形成和谐的课堂氛围,让学生真正成为学习的主体。具体说来,语文课堂组织教学的民主性体现在两方面:首先,语文教师自己要放弃外在性权威,努力形成以知识素养与人格魅力为内容,以与人为善、和蔼可亲为外部特征的内在性权威,走入学生群体,以平等的姿态去感染学生、亲近学生,与学生对话交流。其次,发扬课堂教学的民主,还在于面向全体,平等地对待每一个学生,鼓励每一位学生积极参与和有效参与教学活动,着眼于全体学生共同发展。这样,才能形成有利于学生主体参与的人际情境和教学情境,实现师生之间、生生之间的平等关系,体现语文课堂的真正民主。语文教师若是摆出居高临下的架势,主宰课堂,一人说了算,不尊重学生意愿,伤害学生语文学习的态度、情感,势必严重影响学生的主动性和发展潜能,课堂气氛则会沉闷、压抑。

案例评析

内容:《这样的攀登者》教学实录片段a

对象:高二学生

(片段一)

生:课文第一部分写道:"就这样他忍受着饥渴、烈日、寒风、冷雨……日夜不息地把自己的身体缓缓地、缓缓地挪动着。"可文章后面的内容只写了攀登者忍受"饥渴"的艰难悲凉,却没有提及"烈日""寒风""冷雨"等。我觉得这样写不完整,前后内容没得到照应,读者可能会产生这样的疑虑:在"烈日""寒风""冷雨"中攀登者会有怎样的遭遇呢?

师:真是一个读书仔细的人,就凭这点,我们就该向她学习。

生:我认为作者这样写是非常恰当的。写文章讲究选材的典型,详略的得当。作者选择"饥渴"来写,因为这两者相对"烈日""寒风""冷雨"更能体现对人体极限的考验,既不啰唆,又能展示攀登者所遇到的重重困难。

生:我不同意她的说法。"饥渴""烈日""寒风""冷雨"等因素对攀登者来说,个个都显得同样的重要,因为,无论其中的哪个都可能夺走他的性命。文中只描写

"饥渴"就已经体现攀登者在途中的艰辛,如果能加上"烈日""寒风""冷雨"的描述,攀登者奋斗不止的形象就更加丰满了。

师:老师觉得这两位同学的看法都很有道理,但老师更偏向前一种观点。大家发现没有?在原句的结尾处有个省略号,即表示还有内容没写出来,那么作者是不是都非得一一把省略了的内容写出来呢?因此,文章选材的典型性和详略的处理是要考虑的。

(点评:新课程对语文教师的课堂角色作出了新的定位,提出"教师是学习活动的组织者和引导者",新型的师生关系,极大地调动了学生学习的积极性。但作为"引导者"的老师在关键时刻还应该有自己的意见和建议。教师在这里用"都很有道理"、"老师更偏向前一种观点"这样一些措辞,体现了一个民主的引导者应有的态度。)

生:我想谈谈对课文末尾句"那时,岩壁将作为旗杆,而尸体将作为旗帜"的理解。我认为,"旗帜"在这里既是对后人的一种警告,又是一种阻碍。攀登者把自己挂在峭壁上是为了避免掉到恶劣的环境中,无论如何,这在客观上却形成了一种警告,仿佛在说:千万不要像我一样企图登上山顶啊!他的尸体给后来者造成一种恐惧心理,使他们驻足不前。

师:为他的独到的见解而鼓掌,又一个"这样的攀登者"!

生:我不同意他的意见。我认为,攀登者即使死在途中,他也将成为路标,为继往开来的人指明方向。这个"旗帜"是指攀登者甘愿牺牲、无私奉献的精神,有积极作用。

生:我支持刚才这个同学的意见,我认为"旗帜"并不是"阻碍"之旗,而是光荣、勇敢之旗,也是"胜利"之旗。

生:我就赞同"警告""阻碍"之说。我觉得"这样的攀登者"是一个完美主义者,他不甘于平凡,就开始了他的攀登,寻找他心目中的"世外桃源"。当他在攀登途中出现失望、悲哀和后悔情绪时,他已经没有退路了,他终于明白,他所追求的完美只不过是比平凡更平凡的东西,不可能有十全十美的,平凡才是最珍贵的。于是,他就想把自己的经验留给后世,让人清醒,不要重蹈他的覆辙,所以我认为"旗帜"有警醒作用。

师:紧张的局面出现了,战况是2比2。

生:我认为,无论如何,攀登者的勇气可嘉。到了后面,攀登者并不坚信山顶上有他追求的东西,但他仍然攀登,我就觉得有这份勇气已经很了不起了。

师:你在为攀登者的勇气喝彩,好!

生:我觉得这个问题应该回到文章的中心上来,攀登者象征了那些生命不息,奋斗不止的人。"旗帜"就象征一种胜利,为后来者指路,给他们勇气。

生:我同意他的意见。即使攀登者最终失败或死亡,也要把尸体化为旗帜,希望他的经历能成为他人一种重要的精神资源。

生:我想补充一点,按照生物学的观点来说,人死后是要腐烂的,腐烂后头发是不能支撑他的骷髅的,他最终还是要掉到他不愿意生活的环境里。既然这样,他为什么不放手一搏,继续攀爬上去呢?坚持到底,他是有可能到达山顶的,即使不成功,也无怨无悔。然而他放弃了,连上去看一眼的勇气都失去了。何等令人惋惜!难道这不是一种悲哀?呜呼哀哉,发人深省!

师:他的观点难道不能给我们更多的思索吗?老师觉得这个问题要更全面、多角度去理解。"清新的空气""秀丽的风景""鸟语花香"指什么呢?可以概括为"美好的愿望""人生的追求"等等,但它们同时又显示着追求的层次存在着差异。一个人各个时期的愿望和追求是不同的,所到达的目标不一定如我们所愿的那样,那我们是不是就停止追求呢?老师觉得不能,因为:即使所有的追求不一定有美好的结果,但追求本身就是生命价值的体现。

生:我觉得老师您刚才说的内容可以用高尔基的名言来概括:"志在顶峰的人,绝不会留恋半山腰的奇花异草而停止攀登的步伐。"攀登者是不会受到外界的干扰而停下来的。

生:按老师和同学们的说法,攀登者这个人物形象所要表达的是要始终如一地追求自己的目标,不能半途而废。但是,我认为,放弃又有何不可?一种追求的终止,并不代表放弃了人生追求,而是预示着另一种追求的开始。如果我们在追求过程中发现与自己的理想相差甚远,难道还要继续下去,甚至付出宝贵的生命吗?这样的执著与固执有什么区别?我想用个例子来支撑我的论点。普希金是俄国现代著名诗人。年少时,他曾在父亲的命令下专攻数学。他学得十分吃力,也厌倦这门不适合他的科目。于是他放弃数学转攻文学,取得了很大的成就。如果普希金当初没学会放弃,那么世界上不就少了一名才华横溢的诗人吗?所以说,做任何事情不能一味推崇"贵在坚持"的理想模式,更应该审时度势,才能达到自己追求的真正彼岸。

师:有理有据,观点鲜明,好一个伶牙俐齿的角色,为她的精彩演说给她掌声。在现实生活中我们是不是真的只有上没有下的?老师想给大家讲个故事。一个罗姓大学生毕业后在航空公司工作,后来他决定辞职到街边摆地摊给人擦皮鞋。他真这样干了。5年后,他以"罗记擦鞋"为商标,开了8间分店。他从高处退下来了,而且成功了。因此,如果发现前面的路的确不适合自己,退下来再寻找适合自己的路未尝不是一件好事。

生：我对攀登者一定成为尸体有不同的看法。我觉得他不一定就会成为尸体。文章最后没有明确写到他已经死了，成为尸体，只是我们的设想而已。

师：又一个脱俗者，又一个这样的攀登者，好！

生：我对"放弃"的观点有疑问。在接近顶点时放弃重来，从时间上来说是不允许的。所谓"人生能有几回搏"，能搏一回已经很不错。要重新开始，成功的机会也许等于零。

生：请问，如果你的追求目标是错误的，或是不现实的，你会怎么办？难道你会沿着错误的方向继续前行吗？

生：错误的目标当然是不能继续前行的。因为在选择目标时就已经选择了自己认为正确的路，错误的目标早被淘汰掉，所以根本不存在错误选择的问题。

生：请问，既然是正确的，为什么他不继续往上爬呢？

生：文中写道，由于他没有到达山顶，他不能确定山顶上有什么，他之所以放弃，是因为他体力方面的限制，以为无法到达山顶，才放弃的。

生：我认为他并没有放弃。"他知道自己别无选择，只有奋力向上了。"这里没写他放弃，只有不断地攀登。

生：我倒觉得，攀登者他可以选择放弃或者选择继续攀登，只要他觉得他当时的抉择是最好的就行了。

师：审时度势，找到一条适合自己的路走，是这样吗？

生：我认为在选择时是没有对与错的。既然你已经选择了这条路，你就得为你的选择负责。例如，我们课文中的攀登者攀登到了一定高度，有点后悔，要退下去的时候发现，下山的路是没有的，在这个时候，他就得为他当初的选择负责，只能奋力向上了，或许他会死在往上前进的路途中，但他已没有回头的余地。

师：他的观点大有"不成功便成仁"的悲壮味道啊！

生：我想质疑作者的构思。我认为文章后半部分的构思欠周密，不能更好地表现人物的形象。文章第三部分写到，攀登者面对的原是一座只容人上不容人下的峭壁，在当时的恶劣的条件下，他已不在乎山顶是怎样的世界了。因为他已别无选择，只有奋力向上。我认为，这时支撑他追求理想的动力已由起初的主观追求转变为客观压迫下的不得已。如果把它改成进退皆可的峭壁，在有退路的情况下，攀登者仍然奋力向上，无悔自己的选择，这样不就把攀登者这种执著追求的精神表现得更加淋漓尽致吗？

师：见解独到，送给她掌声。同学们在阅读本文时，有没有想过，如果有路可退，攀登者会退下来吗？

生：对此，我个人认为，在这种情况下，攀登者是不应该放弃退下去的。为了追求目标,他耗去了一生的精力,在接近目标的时候退下,就等于放弃了自己,否定了自己。

生:我认为将峭壁改为可上可下不妥。作者要突出的是"这样"的攀登者,"这样"两个字,说明了"这样"的攀登者跟其他的攀登者的不同之处,并不是任何人都可以成为他那样的人的。如果改为可进可退的峭壁,这个攀登者就不是"这样"的攀登者了。

生:在没有退路的情况下,攀登者只有背水一战,人物形象就没那么感人了。

生:客观上这座山就是不能下的。(全班同学大笑起来)

(点评:组织者对学生自我阅读能力的尊重,使课堂气氛活跃,文本探究积极,总的来说涉及的问题质量较高。如果作为组织者的教师,能在学生问题的基础上再稍作挖掘、引导,那么可能引发出的讨论或许会促使学生对文本的思考进一步深化,变得更为深刻。)

师:争辩的气氛越发的浓烈了,同学们的讨论让我想起了孔乙己、范进这两个小说中的人物形象。孔乙己和范进深受封建礼教的毒害,拼着命只想考取功名,哪怕是没有饭吃,没有衣穿,他们压根就没想过退下来。孔乙己不脱他的长衫,不屑于体力劳动,最终默默地死在他的追求中,成为尸体。不知道同学们是否认同我的这个说法?

(点评:教师的举例应严密而科学。其实,对于这样的举例,教师不妨留给学生思考。)

(片段二)

师:刚才同学们谈了对这篇文章的看法,现在就让我们一起来归纳一下吧。

师:第一,通过刚才的发散思维,同学们很好地体会到象征手法的含蓄性和隐晦性,也能够很好地读出象征的指向不是唯一的这一特点。例如同学们对"旗帜"的理解,有正面的,也有反面的。第二,同学们学会了品味语言,咀嚼关键语句。例如对"他知道自己别无选择,只有奋力向上了"和尾句"那时,岩壁将成为旗杆,而尸体将成为旗帜"的咀嚼。第三,同学们能做到不迷信书本,进行个性化的阅读。今天的所有评价和质疑就是最好的证明了。

师:下面老师把我自己对这篇课文的一些理解写出来,欢迎同学们提出不同的意见。

(下面内容以幻灯片的形式展出)

一、攀登者的形象:

(1)他是一位实实在在的人性化的攀登者,他突破了传统的英雄模式(传统中的英雄为大多数人谋利益,有崇高的奋斗目标,他们的结局都是成功的),他死在未竟的追求中。(2)他是追求脱俗的人。

二、对"攀登者"起初认为山顶"有清新的空气,有秀丽的风景,有鸟语和花香……"的理解请注意下面这句话:

即使所有追求都不一定有美好的结果,但追求的过程就是生命价值的体现。

三、对"那时,岩壁将成为旗杆,而尸体将成为旗帜"的理解与评价。

攀登者的牺牲无疑是悲壮的,但他那灵光四射的魂,都使我们透过外壳感受到澎湃的东西。死亡不是失败。

(师补充):2003年10月15日,"神州"五号载人飞船顺利升空,16日,它成功着陆。杨利伟被称为"航天英雄"。他不属于"这样"的攀登者,因为他到达了山顶。但这并不影响我们对杨利伟的敬佩。时间倒流到1986年1月28日,美国"挑战者"号航天飞机在起飞73秒后爆炸,七名宇航员全部罹难。这七名宇航员在攀登中没有到达山顶就成为尸体,但他们没有白白牺牲,他们就像七面耀眼的旗帜,闪烁在深邃的太空中,给人鼓舞和指引,从这种意义上说,他们何尝不是"太空英雄"?

四、文章表现出积极的人生态度,全文的格调是悲壮的。

作者笔法自然流畅,结构严谨。

文章的行文构思俨然就是人生追求的一个缩影:

文章分三大部分,可以归结为"美好愿望—出现磨难—成为旗帜"

师:老师的这些观点不一定正确,由于时间关系,不能在这里进行探讨,课余向我提出你们的见解,好吗?

(点评:从节选的两个教学片段不难看出,作为组织者的教师的课堂教学思路是由分到总,由鼓励并引导学生大胆地发问质疑,充分地进行发散思维,到引导学生进行辐合思维,归纳并解决一系列问题。学生在教师的组织、引导下进入良性的主动积极的学习状态,其中所表现出来的活力与潜力,让人吃惊、赞叹不已。从另一个角度讲,这样的语文课堂,对教师的要求也大大增强。)

· 思考链接·

(1)研究这两个课堂教学实录片段,如果你是执教老师,你觉得怎样调整,会使这堂课的教学组织变得更加令人满意?

(2)如果让你来组织《这样的攀登者》这篇课文的课堂教学,你会怎样设计?写一个教学简案,与你的同学讨论讨论,看看在你的组织教学中是否体现了新型的师生、生生关系。

◆ 训练项目

组织语文课堂教学的技能是指语文教师调控课堂,促使学生顺利学习的技能,主要包括组织语文课堂教学进展的技能和组织学生进行语文学习的技能。我们的技能训练就围绕这两方面进行。

项目一:组织语文课堂教学进展的技能训练

语文教师作为课堂的组织者,要善于把握课堂,调控课堂进展,使学生能在和谐的教学环境中积极有序地进行学习。这种课堂进展组织具体包括以下几个内容。

1. 起始阶段的组织

课堂组织教学贯穿于一堂课的始终,起始阶段的组织至关重要。起始阶段如果组织得好,对整堂课的教学都会产生积极的影响。因为上课开始,学生注意力尚未集中,课前准备不一定做得十分充分。因此,上课之始,教师首先要唤起学生注意,激发学习兴趣,明确学习目标,营造良好的课堂学习氛围,这是最有力的组织教学阶段,讲究的是第一槌就敲在学生心坎上,像磁石般迅速吸引学生注意力。

课堂起始组织的特点简单地说包括这样几个方面。

(1)简洁明快。莎士比亚说过:"简洁是智慧的灵魂,冗长是肤浅的藻饰。"教师一定要精心设计,抓住起始时间使学生注意力尽快集中到课堂上来。

(2)富于启发。教师在起始阶段要充分发挥主导作用,善于通过多种方式调动学生思维活动的积极性,引起学生对新知识、新内容的探求热情。

(3)引人入胜。教师利用丰富的教学手段、感人的教学情境和生动优美的教学语言激发学生的学习热情,使学生在高涨的情绪中兴趣盎然地学习。

·示例·

一位教师在农村初中教授《在山的那边》一文时,课堂起始,精心作了下面的组织设计。

(《奋斗》轻音乐轻轻播放)

同学们,学习课文之前,我先给大家讲个故事:在中国,有一个偏远的山区,那里孩子的父母常年在外打工,他们跟随自己的爷爷奶奶长大,读书上学成了最大的问题。这个时候,有一位大学女毕业生——李灵,选择来到这里帮助他们,她只有一个目标:让儿童有书读,培养他们成才。于是,她为创立希望小学到处借钱,欠下了很多债务,假期当学生放假的时候,她骑着破旧的三轮车到处为孩子收集旧书。在这个过程中,她克服了重重困难,顺利培养出一批批毕业生,一步步实现了自己的目标。

今天这个故事跟我们要学习的课文《在山的那边》有什么关系呢?我们一起通过学习来看一下在山的那边有什么,为什么"我"那么想要爬过那一座座山。

(点评:在课堂开始,教师将相关音乐、意旨相似的故事作为课堂导入,把学生对生活的体验、音乐欣赏与课文主旨的学习有机结合,既有利于引导学生对课文象征手法及寓意的学习,也能使学生在教师讲述的故事和音乐中迅速投入到对课文的学习情境中,产生了强烈的类似情感。这样一个震撼人心的序曲,为学生进一步学习课文打下了良好基础。)

·训练·

模仿以上例子,选择一篇文章,假设一个教学情景,说说自己在起始阶段怎样进行教学组织。

2. 课堂行进阶段的组织

课堂行进阶段是课堂教学的主体部分,也是一堂课的灵魂所在。上课行进阶段的组织效果好,主要体现在课堂教学程序和谐,教与学的关系融洽。为了形成和谐融洽的课堂教学,教师要把握好课堂教学的节奏,使教学环节自然过渡,恰当处理课堂问题和事件,随机应变,逐渐达成教与学的高潮。

具体来说,教师要非常重视以下几方面的组织协调。

(1)组织好课堂教学的节奏

课堂教学中的节奏主要指教学推进的节奏和学生学习的节奏,具体体现在由教师依据学生学习心理,灵活安排教学内容的主次、教学环节先后的顺序和教学信息传播速度的快慢等,波浪式地推进教学,显示课堂教学的动态变化。组织课堂教学的节奏指教师组织实施课堂教学时,有意识地变化教学的方式和速度,使整堂课处于有规律的动态变化之中。

组织课堂教学节奏应该关注到这样几个问题。第一,张弛交替,主次分明。教学推进节奏要适合学生的学习心理,随着教学活动的进行随时加以调节。学习主要内容、获得重要信息时应紧凑些,以引起学生高度重视和注意;而复习巩固时可舒缓些,以利于学生体会和吸收。第二,体现明确的教学意图。如一堂课要学习哪些内容,引导学生发现、分析、解决哪些问题等等,恰当的课堂节奏能更好地实现教学意图。第三,体现清晰的教学思路。如课堂教学设计了哪几个环节,先后顺序是什么,等等。依据教学思路安排课堂节奏可以保证教学过程的顺利开展。

(2) 组织好课堂教学的高潮

组织教学高潮是教师的艺术匠心所在。教学目标的实现,教学重点的落实,教学难点的突破,都依赖于教学高潮。教学高潮是教师能力和智力的最佳发挥,也是学生情绪激昂、思维最活跃和注意力最集中的时刻,此时教与学的合作达到了最佳状态,教学达到了最佳效果。教学内容不同,教学要求各异,高潮的组织处理也随之变化。既可从课文的悬念、情感、线索、人物、写法等角度启发创设"高潮",又可灵活运用角色扮演、情景再现、质疑辩论、评价总结、反复品读等把课堂教学推向高潮。

(3) 组织好课堂教学的过渡

课堂教学中的过渡不仅是各个教学环节的"黏合剂",也是教学内容的有机组成部分。课堂过渡包括两方面:一是课堂教学内容的过渡,如由介绍作者转入整体感知课文等;二是教学方式方法的过渡,如由学生自由讨论转到教师评价总结等。组织好过渡,一要自然。一堂课的教学内容和方式方法是一个整体,由若干小的部分和具体的方式方法组成,教师在部分与部分、方式与方式之间插进适当的话语、方式和手段要注意前后的内在联系,使之自然衔接起来。二要因情况而异。不同的课应采用不同的过渡方法,或用抒情语言过渡,或准确说明知识过渡,或深刻评价过渡,或设问启思过渡,等等。即使在同一堂课中,不同环节也应有富于变化的方式过渡,这样才能产生较好的整体教学效果。

(4) 运用好课堂教学的应变

课堂教学过程是一个复杂的变化过程,虽然教师在课前做了充分准备,但真正的课堂却往往不会完全按照教师的设计进行。教师、学生、环境等多方面因素使得课堂不会风平浪静,而时有风浪发生,这时就需要教师以高超的应变能力进行巧妙处理。这种应变表现在灵活处理教学中发生的种种问题,及时调整教学内容,改变教学方法,不失时机地适应变动的情势,而不是死扣教学设计。教师遇到被动局面,不要惊慌失措,更不能为掩饰自己的不足而不负责任地欺骗学生,而应运用自制力和自信心,寻求解决问题的最佳途径,从而"化险为夷",柳暗花明。

有效地掌握和运用应变艺术,第一,要善于自我调控。教师遇到喜事,不要得意忘形甚至在学生面前大肆吹嘘;心情不好的时候也不要迁怒于学生,要学会快速冷静下来,及时调整自己情绪。第二,要善于对症下药。在教学中遇到意外情况,教师应及时准确地抓住问题关键,针对性地采取措施,而不能节外生枝,浪费时间。第三,要善于因势利导。处理教学中出现的意外情况,最有效的方法就是沿着学生思维的轨迹启发诱导,将他们的思维引上正确的轨道,使教学顺畅进行。

·示例·

一位教师教学朱自清的《春》时,就文中"小草偷偷地从土里钻出来,嫩嫩的,绿绿的"一句组织学生品味讨论,实录如下：

生甲：词语的位置发生了变化。

生乙："嫩嫩的,绿绿的"应该放在前面,修饰"小草"。

老师：同学们说得对,说明大家认真思考了。现在请大家再认真读一读,讨论一下作者为什么要将修饰"小草"的"嫩嫩的,绿绿的"放到后面,这样写有什么表达效果？

（学生阅读、交流）

生丙：主要起强调作用。

老师：不错。还有没有同学再补充得具体一点？

生丁："嫩嫩的,绿绿的"放在后面更加突出了"小草"的质地和色彩。

老师：很好！同学们补充得更全面了,还有没有同学要进一步补充。

生戊：我和其他同学的意见有点不同。我总觉得"嫩嫩的,绿绿的"不是修饰这一句前面的"小草",作者在这里用这个词应该是说明其他能看得见的小草。

（课堂出现了安静,一会儿后）

老师：你为什么这样说？

生戊：因为"偷偷地从土里钻出来"的"小草"是看不见的,怎么能说是"绿绿的"呢？

生巳：这位同学提醒了我。我曾经观察过,小草从土里钻出的时候不是"绿绿的",而是嫩黄的、淡黄的。

老师：这个问题纠缠不清,我们不谈了。况且我们学习课文的任务也不是去考证。课文后面的"研讨与练习"也是这样说的：这里为了突出"小草""嫩嫩的,绿绿的",于是将修饰"小草"的词语放到了后面强调。同学们说是不是？

生（齐）：是。（生戊、生巳露出了疑惑的表情）

（点评：这位教师的教学设计本是不错的,课堂上注重调动学生参与讨论,体现了新课程理念。生戊能从别人的不疑处提出问题,非常可贵。可惜教师没有及时引向深入,反而因为处理不当压抑了学生思维。可见,教师在课堂组织教学过程中要善于随机应变,根据学生参与讨论的生成性情况灵活改变教学思路,恰当引导,才能获得更好的教学效果。）

·训练·

请参考点评的内容,对以上的教学组织进行修改,并说明理由。

3. 课堂收束阶段的组织

课尾组织是组织教学的最后一道程序。课堂教学结束得好坏,对学生也具有十分重要的意义。课堂收束阶段的组织形式多种多样,如归纳总结、联想想象、知识拓展、迁移比较、诵读巩固、检测反馈等。收束方法灵活,因文因人而异,力求产生"课虽尽,意无穷"的教学效果。下课铃一响,课堂应有一个确定有序的"解散"过程,若教师忽视这一点,课堂"尾声"就会显得十分松散而拖沓,甚至混乱不堪,使整堂课呈现"虎头蛇尾"状态。因此,利索有序的收课是优化课堂组织的一项重要原则。

总之,结束阶段的组织主要应当注意两个问题:

(1) 突破时空。一堂课不能讲得太全太满,应从容不迫,给学生回味和想象的空间。

(2) 首尾呼应。结尾实际上是对起始阶段的回应,与起始应脉络贯通。若与起始毫无关联或关联不大,都会使课堂思路不顺。

·示例·

于漪老师在《周总理,你在哪里》这篇课文的教学结尾时,指导学生做口头练习。"读了这首优美的诗以后,你对'周总理,我们的好总理'这一句是怎样理解的?请就你所理解的用精彩的两三句话或两三个词来说明,要饱含对总理无限热爱与崇敬的情意。"很快,有学生引用了杜诗中的"万古云霄一羽毛"歌颂总理,也有学生引用了鲁迅的"横眉冷对千夫指,俯首甘为孺子牛"进行歌颂,很多学生列举了总理在政治、军事、外交以及关心人民疾苦、关心边疆建设等方面的丰功伟绩,还有一个女同学激动地说:周总理是亘古未有的伟人,文能治国,武能安邦,功盖天地,万古流芳,受到了全班同学热烈的赞扬和鼓励。

(点评:于漪老师以口头练习的形式组织课堂结尾,改变了以往由教师简单总结的模式,不仅引导学生运用学习的精彩语句,巩固了课堂所学,而且进一步加深了学生对周总理的理解和热爱之情,富有教育意义。)

·训练·

请谈谈你对以上点评的看法,进而思考,如果不用于漪老师的方式结尾,这首诗还可以用什么样的方式组织教学活动,同样能产生不错的教学效果。

项目二:组织学生进行语文学习的技能训练

语文教师是语文课堂学习活动的组织者,在组织好课堂进展的同时还要组织学生的学习。新课程提倡自主、合作、探究的语文学习方式,而语文又是综合性很强的课程,因此,下面主要谈谈教师对学生自主、合作、探究、综合性学习的组织引导。

1. 自主学习的组织

自主学习是指自己主动地而不是被动地、机械地学习,是学习者根据自己的学习能力和学习任务,积极主动地调整自己学习策略和努力程度的过程。语文课堂教学中学生的自主学习主要表现在四个方面:学习目标自我确定,学习方法自我选择,学习过程自我调控,学习结果自我反馈,而不是由教师说了算,积极重视课堂学习中学生的全面参与和决定。提倡自主学习,就是要打破传统组织教学的"灌输"特点,实现"主导"与"主体"关系的平衡,给学生足够的自主空间和足够的活动机会,使学生把语文学习责任从教师移至自己身上,赋予语文学习活动以一种使命意识。

课堂是学习语文的集中阵地,教师应充分利用,组织好学生的自主学习。

(1) 激活身心,引发自主学习的需要

好的课堂教学给予学生的不仅仅是知识和技能,更多的是学习动机的唤醒、学习习惯的养成和思维品质的提升。自主学习的课堂,应该是学生情绪自然、心境放松的场所,是展示才智、进行创造体验、享受学习快乐的天地。教师首先关注的应该是学生的学习愿望、学习习惯,要用自己教学智慧的积淀和教学艺术的折射,激发学生的内部需要。因此,教师要根据教材和学生实际,精心设计教学方法,为学生创设自由平等的学习空间和心灵的交际空间,引发学生自主学习、自我探究的兴趣,使学生在学习中感到心情愉快。

(2) 开放课堂,创设自主学习的条件

课堂教学过程应是改变教师对课堂的主宰,面向学生、强调学生参与和自决的过程,教师要尽力创设民主平等宽容的课堂氛围,创设开放性的教学情境。开放课堂,创设自主学习的条件,就是灵活安排课堂的时空,学习目标和学习方法不是完全按教师预定强加于学生,重视学生在课堂教学中思想碰撞而生成的问题,并在师生共同探讨中解决。课堂上,尽量使全体学生都能积极有效地参与学习,给学生更多的自由支配和独立思考的时间,力求让更多的学生有机会表现自己,展示自主学习的成果。

(3)师生互动,调控好自主学习课堂

自主学习是一种潜能释放的学习,它赋予学生语文学习的主体地位。在语文课堂中要真正发挥自主学习的作用,就需要师生双方的互动。师生互动,要求教师转变角色,从"台上"走到"台下",从"台前"走到"台后",给学生创设具有吸引力的学习情境和正确有效的学习途径,组织学生发现、搜集和利用课内外的语文学习资源,成为学生学习和发展的促进者,与学生共同发展。"互动"不是追求形式化,而是心灵的默契。在互动中,教师要分清"自主"与"自流"、"放开"与"放任"的区别,有效调控课堂。对学生参与确定学习目标、学习方法、学习过程等,教师既要鼓励、相信、尊重,同时又要冷静处理,恰当引导和控制,灵活处理课堂意外事件,保证学习目标的达成和自主学习的效率。

· 示例 ·

朱自清散文《春》的教学片段e:

师:通过学习我们知道,朱自清的《春》是一首抒情诗,一幅风景图,一曲春的赞歌。全文分三部分,第一部分是盼春,第二部分是绘春,第三部分是颂春。大家回忆一下,你最喜欢哪部分内容,你们可以用自己喜欢的方式独立完成,然后把这部分内容汇报一下。能用自己的语言描绘美景的同学,可以说一说,讲一讲,议一议;喜欢画画的同学,可以画一画春的美景;喜欢搜集资料的同学,可以交流课前查找有关春的图片、资料;喜欢朗读的同学,可以尽情地读一读。如果还有什么别的方法也可以。

8分钟后,部分同学已把汇报材料整理完毕,开始汇报。有五个同学用各自不同的方式展示自己的学习收获。有用语言绘声绘色描绘春草、春花的;有用画画的方式画出五幅图画(春草图、春画图、春风图、春雨图、迎春图)的;有五名同学到前面表演孩子们的嬉戏;有同学到前面用实物投影展示课前收集的春的图片和资料;有同学有感情地朗诵了春画图。

(点评:教师重视让学生用自己喜欢的方式来表达自己喜欢的内容,为学生提供了自由选择的最大空间。学生对教师的鼓励和设计做出积极回应,产生自我学习和表现的浓厚兴趣,因此,能充分发挥个性和聪明才智,以丰富多样的形式汇报各自学习结果。)

·训练·

请参考以上的材料,按照自己的想法重新设计一个自主学习的教学组织形式。

2. 合作学习的组织

合作学习是学生在教师组织下的以共同目标为学习追求,以学习小组为基本单位,以合作交流为基本特征,具有明确个人责任的互助学习活动。《普通高中语文课程标准(实验)》在"实施建议"中指出:"合作学习有利于在互动中提高学习效率,有利于培养合作意识和团队精神。"合作学习改变了以往语文教学中个人竞争的学习现象,使学生强烈意识到"人人为我,我为人人"的学习理念。在合作学习中学生对学习内容不但要自我解读,而且要学会表述、倾听、赞扬、支持和说服他人等等,不仅满足学生学习和交往的需要,更有助于培养个体责任和交往技能,追求学生完整人格的全面形成。但纵观近年来语文课堂教学中的合作学习,很多停留在形式上,气氛热闹,各说各的,"合"而不"作"。

由此可见,合作学习并非是几个学生的简单组合,它需要教师的精心组织,具体表现为以下几个方面。

(1) 组建有效的合作机制

方法一,改变课堂的空间形式。课堂上,教师可随机把座位排列由原来固定的秧田型变为面对面会晤型、马蹄型或圆型,有利于学生进行合作学习。

方法二,选择恰当的合作类型。根据学习的层次和内容,合作学习分为三种类型:同伴之间的互助合作学习(同桌、好友的合作)、小组合作学习(小组讨论、研究性小组学习、兴趣小组学习)、教学活动过程中全员性的合作学习(全班讨论、角色扮演等)。这三种形式可依据需要灵活选择。其中小组合作学习是最基本、最有效的学习方式。而小组内部的人际关系、合作氛围是制约个体合作行为的重要因素。因此,科学分组极其重要。小组规模不宜过大,以4~6人为宜。小组构成应遵循"组内异质、组间同质"的原则,同组同学之间能够相互帮助和支持,不同小组的学习可以比较,形成竞争。分组后,要合理分配学习任务,保证每个学生积极投入,发挥优势。

(2) 组织指导合作过程

在学生合作学习的过程中,教师不是局外人和旁观者,而是组织者和引导参与者。教师必须深入到每个小组,认真倾听学生的发言,适时与小组成员进行交流。若发现个别学生或小组不认真,要及时提出,使合作学习不流于形式。若发现学生在学习中有新的感受、创新的想法,及时鼓励;学生遇到困难,及时点拨,帮助学生排除障碍。合作结束,教师要作富有创见的点评和总结。教师密切关注学生的学习过程,理性调控课堂,是确保合作学习成功的关键。

（3）培养良好的合作习惯

当学生有了合作意向,知道了合作的方式方法后,教师还要帮助学生逐渐养成良好的合作习惯。一是良好的"倾听"习惯。这要求学生听别人发言时,要专心,边听边记边想,尊重他人,并学会站在对方的角度思考。二是良好的"表达"习惯。这要求学生先准备后发言,表述条理清晰,不能冲动、急躁,词不达意。三是良好的"支持"与"扩充"习惯。教师要让学生学会相互鼓励和帮助,在对别人意见支持的基础上能加以复述和补充。四是良好的"建议"和"接纳"习惯。教师要帮助学生克服"从众心理",鼓励独立思考,大胆而礼貌地向对方提出不同看法,并虚心听取别人意见,不断改进认识。

· 示例 ·

《孙权劝学》教学片断[f]:

① 自由朗读课文,读到流利、无错音为止,以一人为小组单位。

② 同桌两人合作,借助文言注释初步弄清课文大意,不懂的做上记号。

③ 前后四人合作,将刚才两人小组所产生的疑难汇总,互相解答。

④ 全班同学合作,解决上述小组未能解决的问题。

（点评：在这一案例中,我们看到的是合作形式灵活多样,分工负责,容易操作,学习逐渐推进,成员之间密切配合、互助沟通,从而达到成果共享。）

· 训练 ·

请参考以上的材料,按照自己的想法重新设计一个合作学习的教学组织形式。

3. 探究学习的组织

探究学习,作为一种学习方式,又称研究性学习。语文探究学习指在语文教学过程中创设一种类似科学研究的情境和途径,让学生主动探索、发现和体验,学会搜集、分析和处理信息,进行表达与交流,从而培养探索精神和创造力的一种学习活动。语文探究学习不是单纯从教师角度出发变换一下教法,或局限于课文,在课堂上用三五分钟走过场,也不是只让少数学生超出语文学科基础搞科学研究。它着眼于学生人格的全面发展,让全体学生都能主动参与学习过程,培养学习方法和学习能力,在生疑和解疑的过程中积淀语文学习的强烈兴趣和热情,逐渐形成不迷信权威、不盲从成见、勇于探索的主体性人格。

在探究学习的不同阶段,教师应有相应的组织策略,主要表现在下面几个方面。

(1) 选择问题中的组织策略

首先,教师要激发学生的探究欲望,要引导学生进行探究性学习,营造民主、宽松的探究氛围,能保证学生探究的心理安全,激发探究欲望。其次,设计的问题要有探究意义。不是所有问题和事情都需要探究,如对于初中生来说,某个字读什么音、怎么写是无需探究的。评判问题的质量标准,一是能否激发学生的探究热情,二是是否具有思辨性或发散性,三是是否符合"跳起来摘果子"的原则。再次,善于培养学生的问题意识。探究学习的问题来源可以是教师也可以是学生,而学生自我提问更能培养创新思维和探索意识,教师应创设问题情境,鼓励学生大胆质疑,发现值得探究的问题。

(2) 实施探究中的组织策略

探究阶段,教师的任务不是代替学生去探究,而是以组织者、指导者和合作者的角色出现。首先,教师自己作为课堂一员要积极参与到学生的探究活动中去,给学生做榜样;其次,提供必备的资源,包括开放图书馆、网络,争取社区和家长的支持;再次,讲解一些收集资料、获取信息的基本方法;还有,对于学生在探究过程中产生的问题,教师要及时了解并做出反馈。反馈时,不是直接给予问题的答案,而是提供与问题相关的资料或资料来源,激励学生自己去寻找答案。当探究进程受阻,学生无法继续时,教师可以提供新信息或提出新问题,推动探究的进行。

(3) 评价反思中的组织策略

评价反思阶段,教师要组织好学生个体反思和小组交流。一方面,教师应提供问题的参考解释,使学生有一个评价和反思的依据和参照。另一方面,指导学生以宽容、辩证分析的态度来对待其他学生或小组的学习活动,形成一个融洽而富有批判意识的氛围。在评价时,教师的一个重要任务是让学生对探究过程进行归纳,重视学生个体和小组在探究中的态度、方法和创造性等方面的表现,如让学生思考"通过探究,你有什么收获?""你是怎样发现的?"等问题,重在激励和引导,恰当地规定评价标准,不作过高要求,使学生在探究过程和归纳积累中品尝到成功的乐趣。

·示例·

湖北教师熊芳芳在教授《向沙漠进军》时,做了以下设计⁸:

问题情境:进军沙漠

角色设置：进军组委会主席——老师
组委会下设四个小组：指导组；情报组；守备队；敢死队。
四个小组的任务分别是：
（1）进军的必要性及可能性考证（有理论、有事实），做一份21世纪进一步征服沙漠的规划与草图。
（2）"敌人"进攻的两种主要方式及所用的武器，并探究：何处寻找我方所需武器——水？
（3）打算如何防守？如何培植防护林？
（4）怎样反守为攻？需要什么武器？
（点评：这一方案通过创设问题情境，将课文与生活联系起来，激发学生的探究欲望，使探究的问题既具有挑战性，更具有现实性。探究不是让学生盲目去做，教师作了细致安排，分组探究，师生责任明确，还设计了富有特色的队名，确保活动能积极有效地进行。）

·训练·

请参考以上材料，按照自己的想法重新设计一个探究学习的教学组织形式。

4. 综合性学习的组织

综合性学习既是一种课程组织形态，又是一种学习方式。语文综合性学习以培养学生创新精神和实践能力为主要目标，以学生自主、合作、探究学习为基础，强调学生在教师指导下通过自我体验、实践、探索形成语文素养。语文新课程标准把它作为教学目标的五大板块之一加以定位："主要体现为语文知识的综合运用、听说读写能力的整体发展、语文课程与其他课程的沟通、书本学习与实践活动的紧密结合。"语文综合性学习的设置，打破了传统的学科知识授受的课堂教学模式，让学生自主选择、自由组合、主动探究，有利于学生在感兴趣的自主活动中全面提高语文素养，是培养学生主动探究、团结合作、勇于创新的重要途径。

综合性学习重视学生学习的自主性、体验性和合作性，但语文教师的组织指导作用同样非常重要，教师有效的组织指导是防止综合性学习流于形式的基本保障。

具体的组织指导内容包括三个方面。

（1）在确定主题阶段，启发帮助学生

语文综合性学习主要由学生自行设计和组织活动，教师不能包办代替，但教师有必要进行有效组织、指导，提供帮助。可以提出一些框架性的学习主题和建议，给学生选择余地,经过讨论、研究形成具体的实施方案;可以提供相关背景以及探寻的路径和方法,启发诱导学生寻找、提炼出课题;可以对学生的选题、设计进行审查和改进;可以指导学生对教科书提供的范例进行选择、修正和补充。

(2) 在实施阶段,及时进行心理、方法、价值等方面的指导

在展开综合性学习的过程中,教师要及时调控和督查,其组织指导作用具体表现在心理疏导、方法指导和价值引导。

心理疏导主要指:鼓励学生大胆探索,敢于突破陈规,乐于另辟蹊径,善于发表新见,特别要鼓励那些羞于交际的同学多说多辩,培养他们会交际、善合作的心理品质。

方法指导主要指:指导学生进行资料的搜集、整理、分类和分析,让学生明白如何进行调查、访谈、考察,如何写好活动记录和研究报告等。

价值引导主要指:引导学生按照教学目标和要求运作实施,尤其要引导学生在实现学习目标过程中培养在生活中、实践中学语文用语文的兴趣和习惯,而不是一味地追求所谓"成功"和"成果",让学生在语文综合性学习活动中全面提高人文素养和语文素质。

(3) 在总结阶段,组织指导学生进行综合评价

教师有责任有权利对学生进行评价,但语文综合性学习评价的主体是学生,主要由学生相互评价和自我评价,教师的作用主要是进行组织指导。教师对学生自我评价的组织指导主要在三个方面:一是激发学生对综合性学习所达成的目标和效果进行反思;二是让学生评价自己的积极参与的行为表现,整理、总结自己的体验和感悟;三是评价学生自己在综合性学习中情感态度、思维品质、知识素养、能力结构诸要素的生成、发展与进步。相互评价时,教师要提醒学生着重对别人的体验、认识和收获进行多种形式的总结和反思,学会尊重和分享他人成果。要让学生正确认识和对待综合性学习的评价,评价方式要多元化,成果表达形式要多样化,不能只看到显性的、物化的成果,要树立"参与就是成果,认识也是成果"的思想,重视学生科学研究道德的培养。

·示例·

"综合性学习:成长的烦恼"活动过程ʰ(节选)。

(一) 布置活动要求

1. 明确活动目的(略)。

2. 活动指导。

请同学们以小记者的身份采访自己周围的成年人,采访前一要确定采访对象;二要清楚采访的内容,可事先设计好一些便于沟通的话题,例如:你在少年时曾有

过哪些烦恼?当时最大的痛苦是什么?你是怎样对待的?现在重新审视,你怎样评价当时的那些烦恼?岁月是如何改变你的?等等。

(二)学生或分成小组展开采访活动,或自己独立活动

(三)组织交流(先小组内进行,然后全班交流)

用流畅的语言介绍采访的过程,并说出自己在采访中的感受。

用下列说话方式介绍自己采访到的烦恼:有过什么烦恼——如何对待这些烦恼——我的感受。

学生讨论:在采访到的烦恼和解决烦恼的方式中,哪一个处理得最好,如有不可取的,请为他献上一策。

(四)书面作文

或以采访的过程为内容作文,或以某一烦恼的解决过程为内容作文,但都要写出自己的感受和体验。

(点评:这一设计将课堂的时空拓展延伸,既有课外的采访,又有课内的交流,把口语交际活动与写作体验有机结合,学生的学习方式丰富多样,自主、合作、探究综合运用,教师的组织教学也随机灵活,教学达到了和谐统一。)

· 训练 ·

请参考以上的材料,按照自己的想法重新设计一个综合学习的教学组织形式。

注释

a 陈丽."新课程语文教学案例研究"之《这样的攀登者》教学实录[OL].初中语文.人民教育出版社.[2007-04-18]. http://www.pep.com.cn/czyw/jsjx/syqfc/zhzyzx/zygx/kgja/200704/t20070418_390300.htm.

b 程一凡,叶红.新课程:中学语文课堂教学如何改革与创新[M].成都:四川大学出版社,2005.

c 程一凡,叶红.新课程:中学语文课堂教学如何改革与创新[M].成都:四川大学出版社,2005.

d 于漪.可以做得更好[M].上海:上海教育出版社,2001.

e 关文信.新课程理念与初中语文课堂教学实施[M].北京:首都师范大学出版社,2003.

f 选自《成都市棕北联合中学语文教学设计》.

g 程一凡,叶红.新课程:中学语文课堂教学如何改革与创新[M].成都:四川大学出版社,2005.

h 选自成都市温江区教研室编写的七年级下《语文》教学设计》.

第三单元 语文课堂教学导入技能训练

训练导言

课堂导入是指在教学的起始阶段,教师将学生引入一定的课堂教学情境的行为方式。作为课堂教学的重要一环,导入一般出现在一节课的开始,有时也可以在课堂教学当中的某一个教学活动的起始时期出现。经验丰富的教师,往往通过一段新颖、简明、有趣的导语,激发学生学习的兴趣,把学生的注意力集中起来,迅速地把他们带入特定的学习情境之中。成功的导入,可以使学生一开始就受到强烈的感染,能够激发学生的求知欲望,启发学生的思维。

语文课堂导入的功能具体表现在以下几个方面。

(1) 唤起学生的注意力

注意力是指心理活动指向和集中于一定对象的能力,其生理基础是大脑皮层优势兴奋中心的形成和稳定,兴奋中心能保证对当前作用于脑的事物产生最清楚的反映,故注意力是深入了解事物、提高工作效率的必要条件。虽然它不是一个心理过程,但它伴随在所有心理过程之中。

在教学活动的起始阶段,一般来说,学生的注意常常还停留在课前的活动上,兴奋点尚未转移到教学活动上来,也不清楚教学活动的目标,对课堂教学活动表现出不够关心或不知不解或不求甚解的状态。这就需要教师通过有效导入,引起学生对学习内容的注意,使学生大脑的兴奋中心转移到教学活动上来。同时,给学生心理上一个教学的起始标志,让学生明确意识到"是上课时间了"。

(2) 激发学习兴趣与动机

动机是个体发动和维持某种活动的心理状态,是激励人去行动的主观原因,常建立在需要的基础上。强烈的动机会激发学生对知识的渴望,使学生主动摒弃各种干扰,集中注意力听讲。兴趣是较为持久的需要。教师在引起学生注意后,就要设法诱发学生的学习动机,激起其学习兴趣。有效的导入对于学生学习兴趣与动机的激发是非常必要的。

特级教师魏书生老师在给学生讲《论语六则》时是这样导入的:"火之光、电之光能照亮世间的道路,思想之光能照亮人的心灵。谁是世界上最伟大的科学家呢?联合国教科文组织确立了全世界最伟大的十位思想家,例如牛顿、哥白尼……谁知道这十位思想家中谁排在第一位?他——就是中国的孔夫子。"几句导语,收到了"转轴拨弦三两声,未成曲调先有情"的效果,立即使学生对所要学习的内容产生了浓厚的兴趣。

(3) 明确学习目标

当学生注意集中起来,动机兴趣激发出来之后,教师要适时讲明教学目标,使学生明了学习目标和意义。给学生学习以定向,这是使其保持注意,维持学习动机,自觉主动地控制和调节学习活动的重要保证。

(4) 创造学习情绪氛围,促进师生感情的沟通

师生间的情感交流是上好一堂语文课的前提条件。教师一开始就应通过风趣的或富于启发性的语言,使学生进入一种融洽的学习氛围中,以最佳的精神状态去获取新的知识。导入还能化解学生对教学的抗阻情绪,使学生从心底流淌出对新知识的渴望,对教师的仰慕,沟通师生的心理。

(5) 促进新旧知识的联系

古人说"温故而知新"。在已有的知识基础上引出新内容,让学生建立新旧知识的联系,能使学生顺利地将新知识纳入自己的知识结构之中。故需要教师在课程的起始阶段,给学生补充或展现必要的背景知识,让学生在新旧知识间找到恰当的联结点,以确保新旧知识的实质性联系。

语文课堂导入需要遵循以下原则。

(1) 针对性原则

导入的目的是为了上好一节课。语文课堂导入是上好语文课的一种手段。只有激发了学生的学习兴趣,使他们的注意力集中,然后才能更好地对课文内容展开学习。因此导入的目的性要强,不能离题太远,要有助于学生明白本节课将要学什么、怎么学、为什么要学,要针对教学内容的特点与学生实际,根据教学内容和学生特点采取适当的导入方法。

(2) 启发性原则

课堂导入要能引起学生发现问题,激发解决问题的愿望,调动学生思维的积极性。恰当的导入有利于引导学生思考,启发学生举一反三,引导学生探讨。导入的

启发性需要在恰当的"度"上，不能太难、太偏、太学术化，否则会难倒学生，使他们产生畏惧情绪，从而影响教学效果，要使学生"跳一跳，摸得着"，"想一想，确实如此"，只有这样才能逐渐把学生带入最佳学习状态，以最大限度地挖掘学生的潜能。

（3）趣味性原则

导入要生动活泼、引人入胜，吸引学生投入到学习中。导入要有趣味性，有一定的艺术魅力。

（4）关联性原则

主要是向学生展示新旧知识之间的联系。

语文课堂导入需要注意以下几个问题。

（1）防止导入目的不明确

一般来说，导入的目的就是教师为了更好地教学中心课题，在教学的起始环节，集中学生的注意，诱发其动机，激发其思维，使其具有学习中心内容的心理和知识准备。有的教师不理解导入的意义、目的，为导入而导入，只知道导入是教学活动不可缺少的一个环节，不知道导入的本质内涵如何，只做表面文章，把握不住精神实质，使导入成为形式上的"走过场"，起不到导入应起的作用。导入的目的不明确既包括对导入的一般目的不明确，还包括对导入的具体目的不明确。后者也就是说，教师对课堂教学目标模糊，因而不知道设计的导入为什么目标服务，通过导入要使学生明确什么样的学习目标。教师通过导入既要引起学生的注意，使学生产生进一步的学习欲望，也要使学生知道要学什么，有充分的知识准备和心理准备。所以，教师在导入时既要充分了解导入的一般目的，又要十分明确导入的具体目标。

（2）忽视学生的具体状况

导入方式多种多样，但万变不离其宗，无论采取哪种方式导入都要从教材内容和学生的学习状况出发，要根据课堂当时的情况灵活运用，紧密结合学生实际。没有一个"放之四海而皆准"的导入方法，导入一定要根据具体情况而具体运用。学生的年龄特征、知识水平是设计、运用导入的重要依据之一。有些教师忽视学生情况，只考虑教学内容，只要是教学某个内容，无论对哪种水平的学生都采用同样的导入方法。这常常使导入流于形式，起不到它应起的作用。有时，甚至使学生丧失了学习中心课题的兴趣，效果适得其反。比如说，有趣的故事是容易诱发出低年级学生学习兴趣的导入素材，而巧设悬念则适合中学高年级学生的特点。如果将二者对调，效果则不堪设想了。

（3）缺乏与中心课题的联系

导入是为教学的中心课题服务的，一切都应围绕中心课题而展开。有的教师将导入绝对化，割裂了导入与中心课题的联系，看起来导入很漂亮，实则失去了灵魂,忘记了导入只是为了向教学的中心环节过渡。

(4) 切忌导入冗长繁琐

有人在导入时目的是很清楚,与中心课题也联系密切,但是设计的导入冗长烦琐,太费时间,费了九牛二虎之力,兜了很大一圈才完成原本一两句话就能完成的任务。结果喧宾夺主,占用了大量的教学时间,使教学的中心课题反而得不到充分展开。导入是手段,更好地为教学的中心课题服务才是目的。所以,教师一定要根据实际情况,选择最恰当的导入方法,短小精悍,富有效率,切不可过长过繁,颠倒主次。

案例评析

语文课堂常见的导入方法有悬念式导入法、情境式导入法、故事式导入法、新旧知识联系式导入法、谜语诗词导入法、破题导入法、直观式导入法等等,下面结合案例分析。

(1) 悬念式导入法

悬念可以使人萌发出期待心理,从而产生扣人心弦的诱惑力,激起欲知其详的渴望。用设置悬念的方法开讲,可以有效地将学生的注意力吸引到既定的教学内容和教学目标上,给教学过程增添活力。

于漪老师教《拿来主义》一课的导入:

"同学们课外阅读兴趣甚浓,阅读的范围比较广泛。半个学期以来,据初步统计,全班看的杂志种类多达六七十种。科技作品且不说,中外文学作品也有二百七十多本。其中有唐宋诗词、《三国演义》、《水浒传》、《明清笔记小说选编》,有列夫·托尔斯泰的《安娜·卡列尼娜》、《战争与和平》,巴尔扎克的《高老头》,雨果的《悲惨世界》等,个别同学还看《西厢记》。有一个同学半个学期课外读各种书籍达四十多本。大家这种读书的积极性是好的,应该肯定,应该表扬。然而,你们可曾想过,对待这些古代的与外国的文化遗产应采取怎样的态度才是正确的呢?是一概接受,还是全盘否定,还是采取审慎加分析的态度?今天我们学习鲁迅先生的《拿来主义》一文,可以从中得到启发,受到教育。"

(点评:这个导入表面看是对学生课外阅读情况的统计,是对课外阅读情况的检查,实则是为如何"拿来"作铺垫,是为了激疑设问,设置悬念,引起学生的思考。)

(2) 情境式导入法

情境导入是指教师通过语言描述或演示创设问题情境,以诱发学生的探究心理,引起其解决问题的欲望和兴趣,促使其思维的积极活动,或借此陶冶学生的性情。这种导入能极大地调动学生思维的积极性，有利于对学生情感的激发，也利于学生主动地介入教学活动，激发其智慧潜能。

一位教师在教授《爸爸的花儿落了》一文时，课堂起始，精心作了下面的组织设计。

通过多媒体平台播放电影《城南旧事》的主题曲"长城外，古道边，芳草……"告诉学生这是一首告别的歌曲，是电影的主题歌，此电影曾获马尼拉第二届国际电影节金鹰奖，这是怎样一个故事呢？

（点评：在课堂开始，教师通过创设情境导入，将相关音乐、故事背景结合在一起，使学生对课文的基调有一个基本的了解，对课文也有一个初步的认识，为学生进一步学习课文打下了良好的基础。"情境式导入法"可使学生从中受到审美教育，审美教育是全面发展教育中不可缺少的部分。"感染者先受感染"，要搞好情境式导入法教育，教师首先必须为课文中所描绘的社会美、人格美、人情美、自然美所感染，然后才能充满激情地用生动、形象、优美的语言再现情境，去感染学生。）

（3）故事式导入法

故事往往具有曲折性、悬念性、趣味性，可以帮助学生展开想象，丰富联想，使学生兴致勃勃地投入学习。在人类的历史长河中，传颂着许许多多经久不衰、美丽动人的故事、典故，如科学家的趣闻轶事，作家、诗人的浪漫生平，发明创造的诞生经历，这些对青少年、儿童都有着巨大的吸引力，常常能诱发出学生对教学活动的兴趣和热情。教师可通过引用典故、寓言、传说、故事来诱发学生动机，启迪其思维，从而进入新课。当然，故事的选择要联系教材，贴近教学。

某老师讲授《竞选州长》时的导入：

"同学们，我先给大家讲一件作者的逸事。马克·吐温在发表了《竞选州长》后，有一次在街上遇到了纽约州州长霍夫曼。霍夫曼见到这位大名鼎鼎的小说家，极端仇视，对他说：'马克·吐温，你知道世界上什么东西最坚固吗？什么东西最锐利吗？我告诉你，我的防弹车的钢板是最坚固的，我手枪里的子弹是最锐利的！'马克·吐温听了微微一笑说：'先生，我了解的跟你不一样，我认为世界上最坚固、最厚实的是你的脸皮，而最锐利的是你的胡须，你的脸皮那么厚，可你的胡须居然能刺破它长出来，还不锐利吗？'"

（点评：小故事中马克·吐温的睿智，语言的幽默、辛辣，可以激起学生对他进一步了解的兴趣，这为学习《竞选州长》一课作了很好的铺垫，相信学生在完成课文学习之后，对马克·吐温小说幽默的语言特色和卓越的讽刺手法印象深刻。）

（4）新旧知识联系式导入法

在导入新课时，可以借助与新的教学内容密切相关的旧知识，使旧知识成为学习新知识的基础,增强学生学习兴趣,做到"温故而知新"。

某老师讲授《范进中举》一课时的导入:

"同学们,我们学过了《孔乙己》,鲁迅先生以传神的笔调,成功地塑造了一个封建社会科举制度的殉葬品。孔乙己这一典型形象及其悲剧命运,使我们从一个侧面认识到了封建社会的腐朽与黑暗。今天,我们从范进喜剧命运的这一侧面,进一步了解封建科举制度的荒诞与罪恶。"

(点评:这样的导入,既有利于学生的知识迁移,又有利于提高学生的比较分析的能力。)

(5) 谜语、诗词导入法

这一方法是教师根据课文内容巧引诗词,巧设谜语,引出新课。

某老师讲授《沁园春·长沙》时的导入:

"对于秋天,不同的人有着不同的看法与感受。月落乌啼霜满天,江枫渔火对愁眠。这是张继的忧国伤己。空山新雨后,天气晚来秋。明月松间照,清泉石上流。这是王维的清静无为。落霞与孤鹜齐飞,秋水共长天一色。这是王勃的少年壮志。那么,大家心中的秋天又是怎样的呢?这个问题我们先不谈,欣赏完毛泽东在《沁园春·长沙》中给我们描绘的秋天后,也许你们心中的秋天会更加美丽。"

(点评:恰当的诗句引用,既增添了学生对学习新课文的渴望,也酝酿了学习《沁园春·长沙》的学习氛围。)

(6) 破题导入法

根据文中的题目、文眼等关键性部件导入。题目、文眼在结构上能起到提纲挈领的作用,在内容上又往往是文章的主题所在,它是作者匠心经营的结果,也是我们理解、认识文章的钥匙。

文眼的表现形式多种多样,有的课文题目本身就是文眼。例如:《劝学》——"学不可以已";《师说》——"师者,所以传道授业解惑也","无贵无贱,无长无少,道之所存,师之所存也";《琵琶行》——"同是天涯沦落人,相逢何必曾相识";朱自清的著名散文《春》,全文紧紧围绕"春"字落墨,文眼自然是"春"字;《一件珍贵的衬衫》中的文眼是"珍贵","珍贵"二字像一条线,贯穿于作品的始终。

(点评:抓住题目、文眼导入,有利于学生对学习重点的把握,也可以使教师很快由导入切入正题。)

(7) 直观式导入法

即以实物、课文插图、投影、录音、录像等为媒体的导入。

例如,有位教师讲《死海不死》一课,事先准备了盛满水的大烧杯、玻璃棒、塑料勺、食盐、鸡蛋等。一上课,教师就把鸡蛋放入水中,沉入杯底。这时教师提问:

"谁有办法让鸡蛋浮起来?"学生争着想办法做实验。在多种实验后,终于有同学把食盐全部放入杯中,使鸡蛋浮了起来。然后教师要求学生解释产生这一现象的原因。很自然地导入对课文的学习。

(点评:语文课上本来就实验不多,实验演示,不仅使学生感到新奇,产生极大的兴趣,同时还可以启发他们联系其他学科的相关知识进行综合思考,将知识融会贯通,加深对课文内容的理解。当然,语文课中的直观式导入更多时候是以多媒体教学手段导入的,如通过语文教学课件展示《中国石拱桥》,观看风光迷人的《长江三峡》的纪录片等等。)

·思考链接·

上面列举了一些课文的导入方法,如果不采用案例中所用的这些导入法,你还可以设计出哪些方式对这些课文进行导入?建议就某一篇课文设计几种导入,然后进行比较。

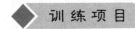

项目一:引导学生注意、激发学习动机的导入训练

这是进行导入训练的第一步,也是导入从一种技能上升到一种艺术的关键一步。语文教师在上课开始就要采取有效措施引起学生对学习内容的注意。教师在引起学生注意后,还要设法诱发学生的学习动机,激起其学习兴趣。教师应通过有效的活动调动学生学习的积极性,为学生学习创设相关情景,为其提供必要的知识准备和心理准备的手段,将学生引进一种积极的思维状态,引入相关的教学内容。

·示例·

(1)在教《社戏》时,有一位语文教师是这样导入的:"《社戏》这篇课文,题目讲的是戏,可开头和结尾有不少段落写的却是其他事,这叫文不对题。我想题目应该改一下,你们看行吗?"老师表现出一副很自信、很坚定的样子。这一问使每一个学生都紧皱眉头,纷纷摇头表示怀疑。于是学生打开书,认真全面地阅读课文,片刻后,便争论了起来:"鲁迅这位大作家会把题目写错吗?这难道是他的败笔?这书中的其他事与社戏有什么联系呢?"学生们争论越来越激烈,但观点越来越趋向于一致。大家肯定地说:"'社戏'这个题目不必改,原因是开头和结尾有些段落虽不是写社戏,但对社戏起了烘托和铺垫作用。"至此,学生疑惑释然,一个个神采飞扬,坚信自己的答案是正确的。

(点评:在这个导入中,老师巧妙地用了一个反问,引起了学生的注意,激发了学生强烈的学习动机。)

(2)《药》这篇课文有教师是这样导入的:"同学们,你们见过用人血馒头治病的事么?今天要学的课文《药》,就是写用人血馒头治病的故事,这药说明了什么呢?中国的又一个称呼叫'华夏'。华、夏本是一家,现在分成两家,而且华家吃夏家的血,这说明了什么呢?秋瑾是近代民主革命的烈士。秋—夏,时令相对,指姓氏;瑾—瑜,同为美玉,多为人名。因此人们说文中的夏瑜是暗指秋瑾烈士的,鲁迅为什么要这样暗指呢?辛亥革命推翻了满清王朝,但是并没有从根本上解放中国人民,那么,救国救民的'药方'究竟是什么呢?"

(点评:这几个问题对学生学习注意力的集中、动机的激发都能起到较好的作用,能促使他们认真学习课文。)

·训练·

请同学们参考以上的案例,试着选一篇课文,也写一个类似的导入。

项目二:加强明确目标的导入训练

明确目标有两层含义:一是教师的教学目标要明确,由此而确定的导入目标也很明确;二是要通过导入使学生明确学习的目标,达到导入的基本效果。这是学生保持学习注意,维持学习动机,自觉主动地控制和调节学习活动的重要保证。

·示例·

(1)于漪老师上《孔乙己》这篇课文的导入是:"凡读过鲁迅小说的人,几乎没有不知道《孔乙己》的;凡读过《孔乙己》的人,无不在心中留下孔乙己这个遭到社会凉薄的苦人儿的形象。据鲁迅先生的朋友孙伏园回忆,鲁迅先生自己也说过,在他创作的短篇小说中,最喜欢《孔乙己》。为什么他喜欢《孔乙己》呢?孔乙己究竟是怎样一个艺术形象?鲁迅先生又是怎样运用鬼斧神工之笔来精心塑造这个形象的呢?过去有人说,希腊的悲剧是命运的悲剧,莎士比亚的悲剧是性格的悲剧,而易卜生的悲剧是社会的悲剧。从某种意义上说,是有道理的。《孔乙己》这篇小说写的是孔乙己的悲剧。悲剧往往令人泪下,而人们读《孔乙己》后眼泪会往肚里流,心里隐隐作痛,《孔乙己》的悲剧是怎样的悲剧呢?"

（点评：这种导入所设置的悬念既能巧妙地提出学习的目标，又能创造出探求知识的良好情境，能引起学生的兴趣。）

（2）《明湖居听书》一课，有教师这样导入："今天我们学习刘鹗的《明湖居听书》，本节的学习重点是：学习作者在表现人物形象方面运用正面描写和侧面描写相结合的方法；学习在描摹演唱者音响效果方面借助特殊比喻——通感的方法。"

（点评：这则导语十分简洁，它根据单元知识要求和本文的特点，确定了学习的重点，起到了很好的定向作用。目标导入旨在使学生在学习新课之前明确本课的学习目标和要求，所以目标要集中、明确，用语要准确简洁。）

·训练·

请同学们参考以上的案例，试着选一篇课文，也写一个类似的导入。

项目三：加强建起联系的导入训练

联系性的导入是教学的一个环节，其作用是为了更好地引入中心课题，为学生提供学习中心课题的心理准备和知识准备。导入是为教学中心课题服务的，其手段、方式、内容都要与中心课题紧密联系。联系性导入就是在新学习的知识与学习者已有知识之间建立起内在联系。新旧知识若建立起实质性的联系，则学习者便产生了有意义学习，否则，则构成机械学习。有意义学习的一个重要条件，就是学习者大脑中要有适当的已有知识与新知识建立联系。这就需要对学生深入了解，只有深入了解学生的知识结构、心理特征等因素才能更为有效地建立联系。

·示例·

（1）于漪老师教朱自清的散文《春》是这样导入的："一提到春，我们的眼前就仿佛展现出阳光明媚、春光荡漾、绿满大地的美丽景色，就会觉得有无限的生机、无穷的力量。古往今来，许多文人墨客用彩笔描绘春、歌颂春。同学们想一想，诗人杜甫在《绝句》中是怎样描绘春色的？王安石在《泊船瓜洲》中又是怎样描绘的？哪个句子写春？哪个字用得特别好？苏舜钦在《淮中晚泊犊头》的诗中又是怎样写春的呢？这些都是绝句，容量有限，是取一个景物，或取二三个景物来写春的。今天学的散文《春》，写的景物可多了，有草、树、花、鸟、风、雨等等。现在，春就在我们身边，我们就是欢乐地生活在阳春三月的日子里。但是，我们往往是知春而不会写春。那么，请看朱自清先生是怎样来描写春天景物的姿态、色彩的。"

（点评：在这里，于漪用感情真挚的教学语言，将新旧知识紧密联系，启发性强,一下子就把学生的心吸引了过来,使学生张开了求知的眼睛,恨不得马上闯进《春》的景色之中去浏览一番。)

(2)《守财奴》的教学,有教师这样导入:"在初中我们学过莫泊桑的小说《我的叔叔于勒》。大家回忆一下,于勒哥哥一家人起先是那么热烈盼望于勒回来,后来又为什么像躲瘟神一样要避开呢?……确如同学们所说,资产阶级撕下罩在家庭关系上的温情脉脉的面纱,把这种关系变成了纯粹的金钱关系,这就是对资本主义社会的本质概括。所以,凡是生活在那个时代而又有勇气真实反映现实的作家,都必然会把这一点表现出来。今天,我们就来学习法国又一位大作家巴尔扎克的小说《守财奴》,这篇小说也深刻地表现了资产阶级的这一特性。"

(点评:这则导语不仅使新旧知识建立了联系,而且自然地为学生整体上把握课文做了铺垫,使学生能从更为广阔的背景上理解小说的主旨,从而提高认识水平和思维能力。在运用这种导入法的时候,应注意旧知识的复习对新课的学习产生的积极作用。这种作用既可以营造特定氛围,又可以从内容上为新课学习铺垫,还可以从形式上比较同异,从而获得规律性的认识。)

· 训练 ·

请同学们参考以上案例,试着选一篇课文,也写一个类似的导入。

本章参考资料

[1] 周庆元.语文教学设计[M].南宁:广西教育出版社,1996.
[2] 魏书生.中学语文教学改革实践研究[M].济南:山东教育出版社,1997.
[3] 韦志成.语文教学艺术论[M].南宁:广西教育出版社,1996.
[4] 徐林祥,张悦群.中学语文课堂教学技能训练[M].长春:东北师范大学出版社,1999.

第四单元

语文课堂教学朗读技能训练

◆ 训练导言

朗读是把书面的文字作品转化为口头的、能艺术化地表情达意的有声语言,以期产生强烈感染力的再创造活动。

首先,要把"朗读"跟一般意义上的"读"区别开来。"读"就是"读书、读报"中的"读",是一种有声的"识读",它是通过正确的有声诵读来学习和掌握文章内容的方法。这种"识读"有两个特征:第一,它的目的是为了学习与掌握文章内容,而不是追求审美的艺术享受;第二,声音只是作为把书面文字转化为声音语言的手段,而不是作为艺术再现的手段,因而不讲究声音的魅力。

其次,要把"朗读"跟表演艺术中的"对白"区分开来。朗读讲究艺术性,表演艺术的"对白"也讲求艺术性。但是,表演艺术的"对白"主要是通过演员的行为表演体现的,声音艺术化只是为了更好地传递语言信息,而不是旨在企求声音的艺术魅力,因而不太讲究声音表现的艺术技巧,只是一种艺术化的说话形式。

而朗读与一般意义上的"读"不同,它是一门艺术,是有声语言的艺术化;它塑造的是听觉上的艺术形象,而不是视觉上的艺术形象。因此,朗读作为一门艺术,是借声音形象的刻画来追求艺术形象的完美与饱满,是一种通过有声语言的艺术化来塑造听觉上的艺术形象的活动。

这里,声音形象包括"人物形象"和非"人物形象"。朗读中的人物形象主要存在于叙事性的作品中。非人物形象主要是指叙述性语言和政论文等不含人物的文体的声音形象,也就是把人物语言排除后,其他语言所体现出来的声音形象。如《变色龙》是一部风趣滑稽的短篇小说,因此其叙述语言在朗读时也要读得风趣一些,轻快、夸张一些。政论性纪录片《共和国之恋》是有相当分量的作品,所以应追求浑厚、有力的声音形象。

朗读有时也需要使用体势语言,但是体势、动作是为声音形象服务的。有什么样的声音形象就需要有什么样的体势动作与之相适应。需要注意的是,体势语言只是朗读艺术创作的辅助手段,不能喧宾夺主。

对教师来说,朗读是一项非常重要的基本功,对语文教师来说尤其如此。朗读是从事宣传和教学(特别是语文教学)的重要手段,在语文教学和宣传工作中有着重要的作用。

(一) 朗读是学生形象地理解课文的最佳方法

朗读是语言教学的一个有机组成部分。课文朗读得好,学生对课文的理解把握会更准确、深刻。某些语言只能意会不能言传,很难通过讲解来分析出它的意味,借助朗读就可以立刻感受到。比如鲁迅先生《阿Q正传》里阿Q做梦那场戏,其中阿Q说了一句"我要谁就是谁"。如果用语言分析,则很难讲解出来,即使分析出来了,也很难准确地感受它。然而只要通过朗读,滑稽、自信、自满、拖声拖气的声音演绎,阿Q那种对婚姻的肤浅认识及流里流气的形象也就跃然而出了。语文重在文字表现力,要很好地体会,朗读就是一种突出语文文字表现力的重要形式。

(二) 朗读可以提高朗读者自身的艺术修养

朗读是一门艺术,对朗读把握得好,不仅能够创作出好的听觉艺术形象,而且朗读者还能通过朗读实践提高自身的艺术鉴赏能力。艺术鉴赏能力的提高,反过来又作用于艺术创作,指导艺术创作,从而提高艺术创作的质量,使自身的艺术修养不断地提高,这是一种良性循环。

(三) 朗读可以调动学生的学习兴趣

朗读是一门艺术性很强的教学技能,处理得好,感染力也就强。所以可以通过朗读这种声音的艺术再现,增强对学生的的感染力,进而提高学生的学习兴趣,调动他们的学习积极性。同时,教师对学生朗读技能的训练,使他们体味到朗读的艺术魅力,学生便会更加主动地参与学习。相反,如果教师朗读能力弱,甚至没有这种能力(特别是语文教师),教学也就少了一份生动性,会给人一种乏味的感觉。所以,朗读是语文教学中的一个重要教学手段,它可以增强教学效果,提高教学质量。

(四)朗读是学习普通话的重要途径

推广普通话是当今语言文字工作者的重要任务,教师和学生是普通话的重要推广者。朗读都用普通话表达,因此朗读的过程包含训练普通话的过程。朗读是学习普通话的重要途径,经常让学生朗读,必然使学生的普通话口语能力得到极大提高。

要想使朗读艺术化,成功地塑造出听觉上的艺术形象,还应注意下面的基本要求。

1. 再创性

再创,即再一次分析、理解、创造的意思。朗读中的再创性活动是朗读者对作者的文字作品进行分析、加工、改造的过程,并借助于声音把自己的理解感受充分表现出来。

从某种意义上说,书面语言是不完全的语言,因为它不能全部表达生活语言的语气、语调、语势、抑扬顿挫、轻重缓急和情感上的微妙。朗读要把这些书面语言无法表达的内容再现出来,就离不开朗读者的再创造。在文字作品里,作者对生活的体验与感受的结果,不是对生活原原本本的反映,而是融入了作者的主观色彩,作者对生活的看法、观点等。这是作者对生活的第一次创造。不同的作者,对生活看法不同,因而他们对生活的反映与揭示的规律也就不同。比如大家熟悉的《水浒传》、《荡寇志》都是描写梁山起义将士生活的文学作品,从书名就可以看出两位作者的不同立场,前者是肯定、颂扬,后者则否定、贬斥。

朗读是在作者第一次创造的基础上,对作品进行再加工、改造,即第二次创造。这种创造融进了朗读者对生活的看法、理解、认识。朗读者的这次创造与作者的第一次创造不同,作者是直接面对生活进行创造,而朗读者是面对作者创造的成品进行创造,是对生活的间接创造。朗读者的生活体验对第二次创造产生影响,这种创造的意义并不亚于作家的第一次创造。

朗读的再创性特点要求我们不能把朗读看做是简单的文字作品的声音转化形式,或是照字读音的简单过程。比如,许多人都喜欢读电影对白,盲目地模仿电影演员的发音,而没有发挥自己的主观理解作用,因而往往是失败的。

同时需要强调的是,朗读者再创造并不是对作者创造的彻底否定,而是在尊重作者的劳动成果的前提下,在不改变作者原意的情况下进行的。这种再创造主要是对作者创造的一种声音形式上的强化。

2. 形象性

形象性指声音的形象化、图像化，就是要达到"闻其声，如见其人"的感觉，要用形象逼真的声音把语言负载的意义表现出来。所以，朗读必须解决如何用巧妙形象的声音形式来体现语言意义的问题。

形性是由朗读的本质决定的，要实现形象性应注意以下几点。

（1）认真地分析理解作品，把握语言表达的含义，特别是附属含义

实现形象性需要克服的常见毛病之一就是翻译音，即照字读音，不考虑内容的声音表达方式，就像翻译一样只重意义符号的理解，不重形象理解。文字的大部分含义可以通过对词语本身的理解而获得，而附属含义则需要通过对声音的理解而获得。例如前面所提到的鲁迅小说《阿Q正传》中阿Q说的"我要谁就是谁"，阿Q的个性特点就要通过声音来体现，言语本身没有明确体现出来。从这层意义上讲，朗读更侧重对词语潜在的附属含义的理解和再现。

（2）选取多种声音表现形式，再从中找出最恰当、最富表现力的一种

实现形象性需要克服的另一常见毛病就是念经音，这种声音中间往往没有停顿，节奏没有变化，没有轻重与快慢的区别，就像庙里的和尚念经一样，这同样也是因为不重视形象地再现内容。

选取声音表现形式应当在分析理解的基础上，找出一个恰当的、最具表现力的声音形式，寻找时可以采用比较的方法，就同一个内容选用不同音调、音色、语气等形式进行比较，这是一种有效的方法。

（3）提高语言文字本身的形象化程度

前面提到的朗读是建立在作者作品的基础上的，形象化发挥如何，能否发挥，直接受到作品本身形象化程度的影响。为了达到较高的形象化水平，在不改作品原意的前提下，我们也需要对作品进行一些必要的修改，以满足形象化的需要。

3. 规范性

朗读必须选用规范的文字作品，必须体现语言的规范性。
（1）规范的语音——以北京话语音为标准音；
（2）规范的词汇——以北方方言为基础方言；
（3）规范的语法——以典范的现代白话文著作作为语法规范。

案例评析

《有的人》教学实录

师：今天，我给同学们带来一些图片和文字材料，请看大屏幕，猜猜主人公是谁。（在背景音乐中投影相关资料）

（点评：恰当的音乐背景可以帮助调动学生的情感，为接下来的朗读教学作铺垫。）

生：鲁迅。

师：对，同学们已经答出来了。这是我们伟大的无产阶级文学家、思想家、革命家鲁迅先生，他的一生是战斗的一生、辉煌的一生。1936年他因病不幸逝世，国人感到万分悲痛。诗人臧克家在鲁迅先生逝世13周年之际，饱含深情写下了《有的人》这首诗，以纪念这位巨人以及像他一样的人。

（点评：诗歌一般都有意象，诗人都借助意象传情达意，但这首诗似乎没有什么意象。就诗歌具体的内容而言，也可说是一目了然，甚至似乎是有点平淡。怎样帮助学生走进诗歌情境，体会诗歌情感，可以说是教师的一大难题，而适当的背景介绍不失为一种办法。）

下面请同学们翻开课本，以你最饱满的热情来读这首诗。

生：（自由朗读）

师：读完了吗？

生：读完了。

师：下面我请全体同学一起把这首诗朗读一遍，有的人，纪念鲁迅有感，起——

生：（齐读）

师：同学们读的时候，觉得感情把握得怎样？到位没有呢？

生：（七嘴八舌说想法）

（点评：齐读是一种朗读方式，但在朗读教学之初，在学生对诗歌情感把握不甚到位的情况下，选择单独朗读或许比齐声朗读更有针对性，更容易探究朗读问题之所在。因为齐读中学生关注的只是自己的朗读，而且是选择自己以为恰当的处理办法。）

师：哦，不了解诗的真正含义是吧，所以在感情上同学们觉得有缺陷。那么我想放一段录音给同学们听一听，看能不能具体找到差距。

（点评：听朗读录音是朗读教学的一种方式。如果课堂定位是朗读教学指导，那么让学生"听录音""找差距"的录音资料就不宜早放，因为这会无形中使学生的朗读从原本所希望的在自我理解中朗读原诗,变成对他人朗读的模仿,从而容易使教学中借助朗读指导了解诗歌意蕴的目的变成对他人朗读的认识。)

生:(听录音朗读)

师:听完录音,再找一位同学来读一读。温永红。

生:(朗读)

师:好,请坐。同学们,温永红同学的朗读和我们刚刚听完的录音相比较有什么长处,有什么短处?请大家议一议,谈一谈。

生1:我觉得她读得不对。

生2:她的速度很慢,有点深沉,毕竟是好的。但是,总体上来讲她好像没有激情。

生3:感情色彩不够突出,平淡。

生4:对比两种人的性格不够分明。

师:大家都发现了一些不足之处,那有没有发现温永红同学读得比录音好的地方?(停顿)同学们有没有留意到录音朗读里头有的字是读错的?

生:"呵"读成"啊"。

师:对,还有一个字有明显的错误,那就是作者的姓,姓臧(音 zāng),温永红同学这一点要比录音好得多。

(点评:"有没有比录音读得好的地方?"这样的追问很好,它可以帮助学生跳出对于示范性诵读的迷信。而且,长期的类似"尽信书则不如无书"的训练,亦可以增强学生的自信,使他们的思维变得更加敏锐,从而使他们更具创新意识。但是,如果这样的追问仅限于字音的正确与否,显然是不够的。)

同学刚才说了,觉得温永红同学要注意的是诗歌的感情的处理,还有一个节奏的把握。那下面呢,老师来范读一次,同学们看一看,老师读得好不好,或者是哪个地方还有问题。(师读第一节)

师:这是我第一节的朗读,看看这一节老师处理得怎么样?

生:"他还活着"前面的那个"死"应该再往下低沉一些。

师:为什么这个"死"要低沉一些呢?

生:因为对他的死感到很悲痛。

生:跟前面精神死的人做比较。

师:有同学讲对他死感到悲痛,还有同学提到了"精神死"。我想请游静同学讲一讲,为什么这么说呢?

静:因为它前面说到了有人活着,后面又说了他已经死了,其实就是说他的精神已经死了。

师：那么请告诉我，那些地方、哪个字是写他的精神已经死了呢？

静：前两句。

师：前两句，那我们来看一下。"有的人活着"，这个"活"是指什么？

静：是指肉体活着。

师：活着是指肉体、躯体的活。死了，是精神支持的死亡。那下面"有的人死了"，这个"死"呢？

静：死是躯壳的死，活是指精神的永存。

师：那么，能不能告诉我这一节它实际上是想告诉我们一个什么样的道理呢？

静：说明生命的意义与价值在于精神。

师：很好，游静同学答得很到位啊！生命的意义与价值在于精神的存活，而不在于你的肉体的存活与否。这实际上是整一首诗的一个总起，引导我们对人生价值进行思考。同学们也提到老师刚刚读的还不够深沉，那我请哪一个同学来给老师指正一下好吗？

（点评：教师以自己的朗读作为"靶子"，帮助学生在理解诗意的基础上欣赏、调整朗读。）

生：（曾庆玲读）

师：非常好。这一节的朗读要注意把握好两种语气的强烈对比。那下面请同学们看诗的第二节到第四节，它们承接着第一节谈到的两种人不同的表现。在朗读这三节之前，我要请男生将第一节再朗读一次，在品味中引入我们下几节的学习。

男生：（朗读第一节）

师：觉得感情到位了没有？哦，女生说没有，那女生来范读一下好吗？有的人活着，起——

女生：（朗读第一节）

师：好，最后一句的"活"可以读得更高昂一些，表示精神的永垂不朽。下面请各学习小组琢磨一下，二至四节应该怎么样把它读得更加有感情。

生：（分组讨论）

师：（巡堂、指导）

（点评：整体朗读指导与个别指导相结合。）

师：刚刚有一位同学问一个问题，现在呢，我要把这个问题转提给同学们，第二节，"骑在人们头上：'呵，我多伟大！'"是谁说出来的话？

生：反动统治阶级，反动派，压在人们头上的人……

师：骑在人们头上的人讲的那些话，那么讲这句话应该带有什么样的语气呢？

生：自大，很自大。

师：对，自己觉得很了不起，自吹自擂。刚刚还有同学问我，"伏下身子给人们当牛马"，这里指的是不是只有鲁迅先生一个人？

生：是！

生：不是，是以鲁迅为代表。

师：以鲁迅为代表的什么人呢？

生：革命家，为人民服务的无产阶级革命战士……

师：对，就是以鲁迅为代表的为人民服务的无产阶级革命战士。看来同学们对这两种人已经有了清楚的认识，下面我想请三位同学分别读一下二至四节，同学们听听他们的朗读怎么样。

（刘运程读第二节；孙亮读第三节；尹美媛读第四节）

师：听完三节的朗读，哪一位同学感情最饱满？

生：孙亮。

师：那么请孙亮同学告诉大家你怎样处理的，好吗？

亮：首先，看这个"不朽"，这个"不朽"肯定是作者对反动统治者的讽刺，所以这个"不朽"要突出，而且是带有讽刺的意思。然后"情愿做野草，等着地下的火烧"还有个"烧"字要突出，表现出那些革命者为人民谋取幸福的态度。另外还要突出"情愿"说明是心甘情愿的。

师：同学们看看孙亮同学讲得清不清楚。

生：清楚。

师：那么同学们朗读、体会一下。

（点评：倡导学生之间的相互欣赏、相互学习）

生：（齐读第三节）

师：好，孙亮再请你评一评同学们读得怎么样？

亮：读得蛮不错。

师：到位了没有？

亮：基本到位了。

师：基本到位了？那么就是还有一点不到位，能不能告诉一下同学哪点还没到呢？

亮："等着地下的火烧。"

师：那你多读一次，再点评一下，好吗？

亮：（读"情愿做野草，等着地下的火烧"）要把"火烧"拖长。

师：好，请坐！孙亮把"火烧"读慢一点、沉一点，那这个"烧"字表现了什么含义?

（点评：与其问"那这个'烧'字表现了什么含义"，不如简单追问一个"为什么"，因为这样的追问仍紧扣朗读而言，使教学思维表现得更加严密。）

请同学们看第12页。这句话是来自于鲁迅先生的野草题词里头的两段话，"我自爱我的野草，但我憎恶这以野草做装饰的地面。野火在地下热情奔突，熔岩一旦喷出，将烧尽一切野草以及乔木，于是并且无可朽腐"。这个"烧"实际上是表现出他那一种甘愿牺牲、甘愿奉献的精神，所以这个"烧"可以把它读得更加有力，更加果断。好，听老师读一下这句。"情愿做野草，等着地下的火烧。"这里的停顿稍微把它缩短，语调再高扬。孙亮拿了冠军，那么第二名是谁啊？

生：刘远程。

师：那刘远程你也指导一下同学们，看看应该怎样读会更好。

程："啊！我多伟大"突出它的骄横和自大的感情，要把它扬高，感觉他自己能高高在上。然后就是下面的"当牛马"，因为一般人不愿意这样做，但是他还是甘愿放弃好生活，要为人民服务。

师：那么这次的处理怎样呢？

程：处理"牛马"应该低一点，感觉好像虽然这个是卑贱的，但是他还是甘愿去做。

师：同学们，听完刘远程同学的指导，大家再来读一读。

生：（齐读第二节）

师：好，同学们把"当牛马"这种愿意趴低身体、牺牲、奉献的形象表现了出来，还有"多伟大"的那种自吹自擂的形象也表现得很到位。剩下的是第四节，是尹美媛同学刚刚读的。尹美媛同学，你也为同学们指导指导，看看你是怎样处理的。

媛：我觉得就是"有的人，他活着别人就不能活"那种人是不可以生活在世界上的，对别人很不公平，但"有的人活着，为了多数人更好地活"是很无私的一种人，他们就是给别人提供更多的服务。

师：前一种人的表现非常自私，那么你对他的感觉会怎样呢？

媛：我感觉那个人很令人讨厌。

师：很令人讨厌！那后一种人呢？

媛：个个都向他学习，就是喜欢接近他。

师：喜欢他，接近他，而且心里也对他会有种怎么样的感觉？

媛：崇高。

师：感觉崇高，对他表示敬意。那我们就要把这种厌恶和敬意给读出来。好，请坐。尹美媛同学刚刚的分析非常到位，一个是令人厌恶，一个是受人尊敬，那么老师再读一下看看哪个好,(师读第四小节)能不能表现出来?

生:不能,"活"应该还要突出一些。

师:好!还有吗?

生:"更"字。

师:"更好的活",好,那么同学们讲了这么多,我要请吴梦竹帮帮忙,看怎样才能把这一节读好。

竹:(朗读第四节)

师:好,请坐。她这里的处理还有没有哪个地方要斟酌一下的?

生:第二句。

师:第二句的哪里?邓雅清同学请讲一下你的理由。

清:第二句说"不能活"这里应该更轻点。

师:那你读一下好吗?

清:(朗读第四节)

师:好,请坐。她突出了"不能活",对前面的"他活着"的处理比吴梦竹同学的音调要往下压,就显得他这一种人的活实在是毫无价值,而且还对社会造成了一种负面的影响。现在,全体把这三节一起朗读一次。

生:(朗读)

师:我们同学对这几节感情处理得很好。前二至四节是描写了这两种人的不同表现。我们同学对前一种人表现出厌恶、唾弃;对后一种人表现出了一种赞美、赞颂。那么同学们琢磨一下五至七节讲了什么内容,又该怎么处理。也是以小组讨论的形式把五至七节的朗读完成。

生:(分组讨论)

师:(巡堂、指导)

师:这三节跟上面三节有什么关系?

生:成对应关系。

师:那它在感情的处理上我们是有可借鉴之处的。下面我请同学朗读一下。男生读二三四小节,女生读五六七小节,但是读的时候,男生读完第二节,女生就读第五节;男生读完第三节,女生就接着读第六节。以此类推。

生:(朗读)

师:好,我们先从后面讲起。男生看看女生读的这一个"很高很高"好不好。

男生:不够高。

师:不够高!那怎么高,张玉成讲一下。

成:音调应再高一点,中间用拉空来突出他的高。

师：那你读一下好吗？

成：（读最后一句）

师：不错，真的看到把他抬得很高很高。请坐。还有没有问题啊？

男生：第六节的倒数后两句读得不够好。

师：好，那你来读一下怎样？

生：（读第六节最后两句）

师：这个"青青的"给人感觉充满了生气、活力，语气上要进行强调，说明它的生命力旺盛。非常好，还有没有？（生静默）

师：我们看看第五节这里，最后一句表现人民永远怀念一个人，思想感情上我们应该怎么样处理？

生：更深沉。

师：深沉一些。那么有没有同学示范一下，该怎么读。好，你来读一下。

生：（朗读第五节最后两句）

师：好，请坐。这里的"记住"我们要再深沉、再慢一些。刚刚我们把全首诗分节讨论、学习了，下面我要请一些同学把整一首诗给朗读一下，马俊。

俊：（朗读全诗）

师：请坐。感情处理基本到位，有一些地方的细节回去再琢磨一下，进一步深化会更有感情。下面再请女生来读读，曾庆玲。

玲：（朗读全诗）

师：把握非常到位，真正带着感情朗读。好！

（点评：朗读指导全部完成之后，不妨让全班学生集体朗读，让每个人在激情的朗读之后共同体验收获的快乐。这样的处理也容易再次将课堂气氛推向高潮，使课堂出现"群情振奋"的热烈场面，从而令整堂课的收束完满有力。）

师：今天我们这堂课主要是对诗歌的朗读进行了指导，我们同学回去后消化吸收一下，然后把这首诗熟读成诵，明天早上早读的时候看看谁能带着感情把这首诗诵读出来。下课。

（总评：朗读教学是诗歌教学中常用的手段，尤其是针对一些内容简单、较易理解的诗歌。这堂课教师较好地落实了用教材、不是教教材的原则，以朗读教学作为目标，在朗读指导中帮助学生更清晰地了解了诗歌内涵，并进而达到了"举一反三"的教学效果。）

· 思考链接 ·

（1）研读该课堂实录并进行调整，使其中的朗读教学部分更加完善。

(2) 朗读教学是否只适用于诗歌教学？在其他体裁的文章教学中，朗读教学是否也有用武之地？请举例阐述。

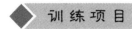

项目一：停连训练

停连是指朗读过程中声音的断和连。我们在朗读时，既不能一字一停、断断续续地进行，也不能字字相连，一口气念到底。无论是朗读者还是听众，无论是生理要求，还是心理要求，朗读中的停顿都是必不可少的；它既是显示语法结构的需要，更是明晰表情达意的需要。具体地说，朗读中的停顿涉及以下内容。

1. 停顿与标点符号的关系

（1）一致关系

书面语中的标点符号有着不可忽视的作用，朗读的停顿必须服从标点符号，多数情况下，书面语中有标点符号的地方与朗读时需要有停顿的地方是一致的。一般来说，句号、问号、感叹号的停顿比分号长，分号的停顿要比逗号长，逗号的停顿比顿号长，而冒号的停顿则有较大的伸缩性：它的停顿有时相当于句号，有时相当于分号，有时只相当于逗号。

·示例·

正像达尔文发现有机界发展规律一样，马克思发现了人类历史发展规律，即历来为纷繁芜杂的意识形态所掩盖的一个简单事实：人们首先必须吃、喝、住、穿，然后才能从事政治、科学、艺术、宗教，等等；所以，直接的物质生活资料的生产，从而一个民族或一个时代的一定的经济阶段，便构成了基础，人们的国家制度，法的观点、艺术以至宗教观念，就是从这个基础上发展起来的，因而也必须由这个基础来解释，而不是像过去那样做得相反。（恩格斯《在马克思墓前的讲话》）

（点评：这段中凡是有标点的地方，朗读时都必须停顿，而且要根据不同的点号，实行长短不同的停顿。）

·训练·

自由选择一段话有感情地朗读，体会不同标点提示下的停顿需求。

(2) 不一致关系

书面语的标点同朗读中的停顿常常有不一致的地方,主要有下面两种情况。

① 没有标点却要停顿

·示例·

被你从你的公馆门口/一脚踢开的/那个讨钱的老太婆//现在怎么样了?(马克·吐温《竞选州长》)朗读这句话时,必须在"老太婆"后作一停顿,才能将语意比较明晰地传达给听众。如果一口气念下去,中间不作停顿,则必然混沌一片,模糊不清。再如:始终微笑的和蔼的刘和珍君//确是//死掉了。(鲁迅《记念刘和珍君》)

(点评:斜线标示的地方,因明确句意与情感表达的要求,虽然没有标点,但仍需要停顿。)

·训练·

试用不同的停顿表现出"学习文件"这一短语的不同语意。

② 有标点却不停顿

·示例·

桌子放在堂屋中央,系长桌帷,她还记得照旧去分配酒杯和筷子。"祥林嫂,你放着吧,我来摆。"四婶慌忙地说。她讪讪地缩了手,又去取烛台。"祥林嫂,你放着吧,我来拿。"四婶又慌忙地说。(鲁迅《祝福》)

(点评:句中"祥林嫂,你放着吧,我来摆"和"祥林嫂,你放着吧,我来拿"两句中虽然都有标点分隔,但朗读中可以不停顿,一气读出,这样处理,可以更好地突出四婶的紧张心理。)

2. 各种不同性质的停顿

(1) 顺应语法的停顿。这类停顿主要就是指上面所介绍的依据标点处理的停顿,但有时也可以突破标点的限制。

(2) 显示层次的停顿。文章的层次可以借助于朗读者的停顿得到显示。一般说来,文章中段落间的大层次比较容易划分,而段落内部文字,甚至一句话中,也往往有更小更细的层次,划分这些层次并用朗读中的停顿表现出来,就不是一件容易的事。

如:头上扎着白头绳,/乌裙,蓝夹袄,月白背心,//年纪大约二十六七,//脸色青黄,但两颊却还是红的。(鲁迅《祝福》)

又如:她一手提着竹篮,/内中一个破碗,/空的;/一手拄着一支比她更长的竹竿,/下端开了裂;///她分明已经纯乎是一个乞丐了。(鲁迅《祝福》)

（3）体现呼应的停顿。文章中的呼应关系在朗读时主要通过停顿来体现。全篇整体性的呼应较易把握,而文章中局部的呼应关系,往往由于朗读者的忽略而造成呼应中断,或呼应模糊,因此影响了语意的表达。

如:任何人都拥有创造力,首先要坚信这一点。关键/是要保持好奇心,不断积累知识;不满足于一个答案,而去探求新思路,去运用所得的知识;一旦产生小的灵感,相信它的价值,并锲而不舍地把它发展下去。(罗迦·费·因格《事物的正确答案不止一个》)

又如:总之,我们要拿来。我们要/或使用,或存放,或毁灭。然而,首先要这人沉着,勇猛,有辨别,不自私。(鲁迅《拿来主义》)

（4）指向强调的停顿。为了突出句中某些重要词语,引起听众的注意,加深听众的印象,可以在这些词语的前面或后面稍加停顿,这便是强调性的停顿。

如:惨象,已使我目不忍视了;流言,尤使我耳不忍闻。我还有什么话可说呢?我懂得衰亡民族之所以默无声息的缘由了。沉默呵,沉默呵！不在沉默中/爆发,就在沉默中/灭亡。(鲁迅《记念刘和珍君》)

又如:那人一只大手,向他摊着,一只手却撮着一个鲜红的馒头,那红的/还是一点一点的往下滴。(鲁迅《药》)

再如:我与父亲不相见已二年余了,我最不能忘记的是他的/背影。(朱自清《背影》)

（5）表达音节的停顿。朗读诗词时,必须用停顿来表达音节,以加强节奏感。

如:白发/三千丈,缘愁/似个长。不知/明镜里,何处/得秋霜?(二三式)(李白《秋浦歌》)

又如:竹外/桃花/三两枝,春江/水暖/鸭先知。蒌蒿/满地/芦芽短,正是/河豚/欲上时。(二二三式)(苏轼《惠崇春江晓景》)

再如:北国/风光,千里/冰封,万里/雪飘。望/长城内外,惟余/莽莽;大河/上下,顿失/滔滔。山舞/银蛇,原驰/蜡象,欲与/天公/试比高。须/晴日,看/红装素裹,分外/妖娆。(毛泽东《沁园春·雪》)

（6）区别语意的停顿。书面语中的某些歧义短语和句子,可以用朗读的停顿来揭示其不同的语法结构,从而表达不同的意义。

如:A. 改正/错误的意见(动宾短语)　B. 改正错误的/意见(偏正短语)

A. 我不相信他是坏人(他不是坏人)　　B. 我不相信/他是坏人(他是坏人)

(7) 避免误读的停顿。朗读中,停顿还有一种区别意义的作用。

　　如:魂灵的有无,我不知道;然而在现世,则无聊生者/不生,即使厌见者/不见,为人为己,也还都不错。(鲁迅《祝福》)

项目二:语速训练

　　语速是指在一定的时间里,朗读所容纳的一定数量的词语。世间一切事物的运动状态和一切人在不同情境下的思想感情总是有千差万别的。朗读各种文章时,要正确地表现各种不同的生活现象和人们各不相同的思想感情,就必须采取与之相适应的不同的朗读速度。

·示例·

　　其间有一个十一二岁的少年,项带银圈,手捏一柄钢叉,向一匹猹尽力地刺去,那猹却将身一扭,反从他的胯下逃走了。

　　月亮地下,你听,啦啦的响了,猹在咬瓜了。你便提捏了胡叉,轻轻地走去。(鲁迅《故乡》)

　　(点评:以上是两种不同的动态。这不同的动态在我们心里引起的感觉是不一样的。朗读时必须体现出前者"将身一扭,反从他的胯下逃走了"之快和后者"你便提捏了胡叉,轻轻地走去"之慢。)

·训练·

(1) "场面"是影响语速的因素之一。不同的场面,语速处理也不一样:急剧变化发展的场面宜用快读;平静、严肃的场面宜用慢读。朗读下面这段描写,体会场面对于语速的影响。

　　在苍茫的大海上,狂风卷集着乌云。在乌云和大海之间,海燕像黑色的闪电,在高傲地飞翔。

　　一会儿翅膀碰着波浪,一会儿箭一般地直冲向乌云,它叫喊着,——就在这鸟儿勇敢的叫喊声里,乌云听出了欢乐。

　　在这叫喊声里——充满着对暴风雨的渴望!在这叫喊声里,乌云听出了愤怒的力量,热情的火焰和胜利的信心。

　　海鸥在暴风雨来临之前呻吟着,——呻吟着,它们在大海上飞窜,想把自己对暴风雨的恐惧,掩藏到大海深处。

海鸭也在呻吟着,——它们这些海鸭啊,享受不了生活的战斗的欢乐:轰隆隆的雷声就把它们吓坏了。

蠢笨的企鹅,胆怯地把肥胖的身体躲藏在悬崖底下……只有那高傲的海燕,勇敢地,自由自在地,在泛起白沫的大海上飞翔!

乌云越来越暗,越来越低,向海面直压下来,而波浪一边唱歌,一边冲向高空,去迎接那雷声。

雷声轰响。波浪在愤怒的飞沫中呼叫,跟狂风争鸣。看吧,狂风紧紧抱起一层层巨浪,恶狠狠地将它们甩到悬崖上,把这些大块的翡翠摔成尘雾和碎末。

海燕叫喊着,飞翔着,像黑色的闪电,箭一般地穿过乌云,翅膀掠起波浪的飞沫。

看吧,它飞舞着,像个精灵,——高傲的、黑色的暴风雨的精灵,——它在大笑,它又在号叫……它笑那些乌云,它因为欢乐而号叫!

这个敏感的精灵,——它从雷声的震怒里,早就听出了困乏,它深信,乌云遮不住太阳——是的,遮不住的!

狂风吼叫……雷声轰响……

一堆堆乌云,像青色的火焰,在无底的大海上燃烧。大海抓住闪电的箭光,把它们熄灭在自己的深渊里。这些闪电的影子,活像一条条火蛇,在大海里蜿蜒游动,一晃就消失了。

——暴风雨!暴风雨就要来啦!

这是勇敢的海燕,在怒吼的大海上,在闪电中间,高傲地飞翔;这是胜利的预言家在叫喊:

——让暴风雨来得更猛烈些吧!(高尔基《海燕》)

(2)"不同的心情"是影响语速的第二个因素。不同的心情,语速处理不一样:紧张、焦急、慌乱、热烈、欢畅的心情宜用快读;沉重、悲痛、缅怀、悼念、失望的心情宜用慢读。

朗读下面两段文字,体会不同的心情对语速的影响。

选段一:

……她猛然喊了一声。脖子上的钻石项链没有了。

她丈夫已经脱了一半衣服,就问:"什么事情?"

她吓昏了,转身向着他说:

"我……我……我丢了佛来思节夫人的项链了。"

他惊慌失措地直起身子,说:

"什么!……怎么啦?……哪儿会有这样的事!"(法国·莫泊桑《项链》)

选段二：

在一个深夜里，我站在客栈的院子中，周围是堆着破烂的什物；人们都睡觉了，连我的女人和孩子。我沉重地感到我失去了很好的朋友，中国失掉了很好的青年，我在悲愤中沉静下去了，然而积习却从沉静中抬起头来，凑成了这样的几句：

惯于长夜过春时，挈妇将雏鬓有丝。梦里依稀慈母泪，城头变幻大王旗。忍看朋辈成新鬼，怒向刀丛觅小诗。吟罢低眉无写处，月光如水照缁衣。（鲁迅《为了忘却的记念》）

（3）"不同的谈话方式"是影响语速的第三个因素。辩论、争吵、急呼，宜用快读；闲谈、絮语，宜用慢读。朗读下面两段节选的文字，体会不同的谈话方式对语速的影响。

选段一：

周朴园：鲁大海，你现在没有资格跟我说话，矿上已经把你开除了。

鲁大海：开除了?!

周　冲：爸爸，这是不公平的。

周朴园（向周冲）：你少多嘴，出去！

（周冲愤然由中门下）

鲁大海：好，好。（切齿）你的手段我早就明白，只要你能弄钱，你什么都做得出来。你叫警察杀了矿上许多工人，你还——

周朴园：你胡说！（曹禺《雷雨》）

选段二：

"那只羚羊哪儿去啦？"妈妈突然问我。

妈妈说的羚羊是一件用黑色硬木雕成的工艺品。那是爸爸从非洲带回来给我的。它一直放在我桌子角上。这会儿，我的心怦怦地跳了起来，因为昨天我把它送给了我的好朋友万芳。

"爸爸不是说给我了吗？"我小声地说。

"我知道给你了，可是现在它在哪儿？"妈妈的目光紧紧地盯着我。我发现事情不像我想的那么简单。

"我把它收起来了。"

"放在哪儿了？拿来我看看。"妈妈好像看出我在撒谎。因为我站在那儿一动不动，低着头不敢看她。

"要说实话……是不是拿出去卖啦？"妈妈变得十分严厉。

"没有卖……我送人了。"我觉得自己的声音有些发抖。

"送给谁了？告诉我。"妈妈把手搭在我的肩膀上。

"送给万芳了,她是我最好的朋友。"

"你现在就去把它要回来!"妈妈坚定地说,"那么贵重的东西怎么能随便送人呢?要不我和你一起去!"

"不!"我哭着喊了起来。(张之路《羚羊木雕》)

(4)"不同的叙述方式"是影响语速的第四个因素。作者的抨击、斥责、控诉、雄辩,宜用快读;一般的记叙、说明、追忆,宜用慢读。朗读下面两段节选的文字,体会不同的叙述方式对语速的影响。

选段一:

反动派暗杀李先生的消息传出以后,大家听了都悲愤痛恨。我心里想,这些无耻的东西,不知他们是怎么想法,他们的心理是什么状态,他们的心怎样长的!(捶击桌子)其实很简单,他们这样疯狂地来制造恐怖,正是他们自己在慌啊!在害怕啊!所以他们制造恐怖,其实是他们自己在恐怖啊!特务们,你们想想,你们还有几天?你们完了,快完了!你们以为打伤几个,杀死几个,就可以了事,就可以把人民吓倒了吗?其实广大的人民是打不尽的,杀不完的!要是这样可以的话,世界上早没人了。(闻一多《最后一次讲演》)

选段二:

在延安人的记忆里,毛主席永远穿着干净的旧灰布制服,布鞋,戴着灰布八角帽。他的魁梧的身形、温和的脸、明净的额、慈祥的目光,时时出现在会场上、课堂上、杨家岭山下的大道边。主席生活在群众中间,生活在同志们中间。主席的音容笑貌,举手投足,人们都是熟悉的,理解的。人们怀着无限的信任和爱戴的感情团聚在他周围,一步不能离开,也一步不曾离开。如今,主席穿上作客的衣服,要离我们远去了。(方纪《挥手之间》)

(5)"不同的人物性格"也会对语速产生影响。年青、机警、泼辣的人物的言语、动作宜用快读;年老、稳重、迟钝的人物的言语、动作宜用慢读。朗读下面两段节选的文字,体会不同的人物性格对语速的影响。

选段一:

"这有什么依不依。闹是谁也总要闹一闹的;只要用绳子一捆,塞在花轿里,抬到男家,捺上花冠,拜堂,关上房门,就完事了。可是祥林嫂真出格,听说那时实在闹得利害,大家还都说大约在念书人家做过事,所以与众不同呢。太太,我们见的人多了:回头人出嫁,哭喊的也有,说要寻死觅活的也有,抬到男家闹得拜不成天地的也有,连花烛都砸了的也有。祥林嫂可是异乎寻常,他们说她一路只是嚎,骂,抬到贺家坳,喉咙已经全哑了。拉出轿来,两个男人和她的小叔子使劲的擒住她也还拜不成天地。他们一不小心,一松手,阿呀,阿弥陀佛,她就一头撞在香案角上,头上碰了一个大窟窿,鲜血直流,用了两把香灰,包上两块红布还止不住血呢。直到七手八脚的将她和男人反关在新房里,还是骂,阿呀呀,这真是……"(鲁迅《祝福》)

选段二:

"冬天没有什么东西了。这一点干青豆倒是自家晒在那里的,请老爷……"

我问问他的景况。他只是摇头。

"非常难。第六个孩子也会帮忙了,却总是吃不够……又不太平……什么地方都要钱,没有定规……收成又坏。种出东西来,挑去卖,总要捐几回钱,折了本;不去卖,又只能烂掉……"

他只是摇头;脸上虽然刻着许多皱纹,却全然不动,仿佛石像一般。他大约只是觉得苦,却又形容不出,沉默了片时,便拿起烟管来默默的吸烟了。(鲁迅《故乡》)

朗读任何一篇文章,都不能自始至终采用一成不变的速度。朗读者要根据作者的感情的起伏和事物的发展变化随时调整自己的朗读速度。这种在朗读过程中实现朗读速度的转换是取得朗读成功的重要一环。

读得快时,要特别注意吐字的清晰,不能为了读得快而含混不清,甚至"吃字";读得慢时,要特别注意声音的明朗实在,不能因为读得慢而显得疲疲沓沓、松松垮垮。总之,在掌握朗读的速度时要做到"快而不乱""慢而不拖"。

项目三:重音训练

朗读中,为了准确地表达语意和思想感情,需要强调某些起重要作用的词或短语,朗读中的这种做法通常叫重音,或重读。

组成句子的词和短语,在表达基本语意和思想感情的时候,不是并列地处在同一个地位上。有的词、短语在表达语意和思想感情上显得十分重要,需要重读;而与之相比较,另外一些词和短语就处于一个较为次要的地位上,所以有必要重读。

同样一句话,如果把不同的词或短语确定为重音,由于重音不同,整个句子的意思也就发生了很大的变化。

·示例·

根据要求,找出"我请你跳舞"一句的朗读重音:

(1) 请你跳舞的不是别人:我请你跳舞。

(2) 诚心邀请,给面子吧:我请你跳舞。

(3) 请的是你不是别人:我请你跳舞。

（4）请你跳舞不是唱歌：我请你跳舞。

按照四个要求，句子的朗读重音分别是："我"、"请"、"你"和"跳舞"。

1. 确定重音的依据

（1）依据结构

有些句子，平平常常，没有特殊的感情色彩，也没有什么特别强调的意味。这种句子的重音可以依据其语法结构来确定，一般，需要重读的有短句中的谓语、宾语、定语、状语、补语、有些代词。这类重音叫做语法重音或意群重音。这类重音在朗读时不必过分强调，只要比其他音节读得重些就可以了。

（2）依据语意和感情

有些句子或由于构造复杂，或由于表意曲折，或由于感情特殊，它的重音往往不能一下子确定，必须联系上下文，对它细加观察，进行认真推敲，尤其要把它放到特定的语言环境中加以考察，才能确定其重音，通常把这类重音叫做逻辑重音（强调重音）和感情重音。它同语法重音有时是一致的，有时则是不一致的。当逻辑重音（感情重音）和语法重音不一致时，后者必须服从前者。

2. 各种类型的重音

（1）突出语意区别的重音

这类重音意在显示语意中的某些差异，这些差异往往是句意的重心所在，必须加以强调。其中有：

① 并列性的重音

例如：当然，能够只是送出去，也不算坏事情，一者见得丰富，二者见得大度。（鲁迅《拿来主义》）

② 对比性的重音

例如：我爱热闹，也爱冷静，爱群居，也爱独处。（朱自清《荷塘月色》）

③ 排比性的重音

例如：它既不需要谁来施肥，也不需要谁来灌溉。狂风吹不倒它，洪水淹不没它，严寒冻不死它，干旱旱不坏它。它只是一味地无忧无虑地生长。（陶铸《松树的风格》）

（2）突出句子关系的重音

这类重音意在表现句子（特别是复句）中的各种不同的语法关系，以此来强调句子是某种内在联系。其中有：

① 转折性的重音

例如：他们可以承担一个浩大的战争，可以承担重建家园的种种艰辛，可是却承担不了如此沉重的离情。(魏巍《依依惜别的深情》)

又如：中国人现在是在发展着"自欺力"。"自欺"也并非现在的新东西，现在只不过日见其明显，笼罩了一切罢了。然而，在这笼罩下，我们有并不失掉自信力的中国人在。(鲁迅《中国人失掉自信力了吗》)

② 呼应性的重音

文章中某些体现呼应关系的词语要重读。

例如：用什么来表达自己的心意呢？战士们又有什么呢，他们只有一双结着硬茧的手，一颗赤诚的心。(魏巍《依依惜别的深情》)

③ 突出修辞色彩的重音

这类重音意在鲜明体现句子中某些修辞现象，这些不同的修辞色彩是语言表现力最强的地方，最能体现文章的旨意。

示例一：如果说瞿塘峡像一道闸门，那么巫峡简直像江上一条迂回曲折的画廊。

（点评：重读文章中的比喻性词语，可以使被比喻的事物生动形象，从而加深对所描写事物或所阐明道理的理解。但要注意，有比喻词的比喻句，不要重读比喻词"像""好像""仿佛"等。）

示例二：每年特别是水灾、旱灾的时候，这些在日本厂里有门路的带工，就亲身或者派人到他们家乡或者灾荒区域，用他们多年熟练了的，可以将一根稻草讲成金条的嘴巴，去游说那些无力"饲养"可又不忍让他们的儿女饿死的同乡……(夏衍《包身工》)

（点评：文学作品中常用夸张的手法来表现人或事物的某一特征，表达作者对人或事物的感情态度，并引起读者的共鸣，使读者获得对事物的深刻印象。朗读中应注意这部分内容的重读。）

示例三：你杀死一个李公朴，会有千百个李公朴站起来！(闻一多《最后一次讲演》)

（点评：加点部分的词语运用了借代的修辞方法，需要重读。）

示例四：我能眼看着让别人替我去牺牲？我得去，凭我这身板，赤手空拳也干个够本！我刚打算往下跳，只见她扭回头来，两眼直盯着被惊呆了的孩子，拉长了声音说："孩子好好地听妈妈的话啊！"(王愿坚《党费》)

（点评：加点部分的词语用了双关的修辞手法，应强调重读。）

示例五：中国军队的屠戮妇婴的伟绩，八国联军惩创学生的武功，不幸全被这几缕血痕抹杀了。(鲁迅《记念刘和珍君》)

（点评："伟绩"、"武功"都运用了反语，需强调重读。）

示例六：盼望着，盼望着，东风来了，春天的脚步近了。（朱自清《春》）

（点评：这句运用了反复的修辞手法，其中第二个"盼望着"应重读。）

·训练·

朗读下面句子，注意修辞与朗读重音的关系：

（1）我似乎打了一个寒噤；我就知道，我们之间已经隔了一层可悲的厚障壁了……（鲁迅《故乡》）

（2）可是在中国，那时是确无写处的，禁锢得比罐头还严密。（鲁迅《为了忘却的纪念》）

（3）我们应当禁绝一切空话。但是主要的和首先的任务，是把那又长又臭的懒婆娘的裹脚，赶快扔到垃圾桶里去。（毛泽东《反对党八股》）

（4）周繁漪：好，你去吧！小心，现在，（望窗外，自语）风暴就要起来了！（曹禺《雷雨》）

（5）好个"友邦人士"！日本帝国主义的兵队强占了辽吉，炮轰机关，他们不惊诧；阻断铁路，追炸客车，捕禁官吏，枪毙人民，他们不惊诧；中国国民党治下的连年内战，空前水灾，卖儿救穷，砍头示众，秘密杀戮，电刑逼供，他们也不惊诧。在学生的请愿中有纷扰，他们就惊诧了！（鲁迅《"友邦"惊诧论》）

项目四：语调训练

为适应思想感情表达的需要，说话或朗读时，句子总是要有高低升降的变化，这种变化就形成了语调。语调是有声语言所特有的，它是句子的语音标志，任何句子都带有一定的语调。借助语调，有声语言才有极强的表现力。

例如：同样一个"我"字，采用不同的语调可以回答各种不同的问题。

谁是班长？——我。（语调平稳，句尾稍抑）

你的电话！——我？（语调渐升，句尾稍扬）

谁负得了这个责任？——我！（语调降得既快又低）

你来当班长！——我？！（语调曲折）

又如：同样一句话"他怎么来了？"采用不同的语调可以表现出不同的语气。

他怎么来了？——柔而扬，表示询问。

他怎么来了？——柔而抑，表示疑问。

他怎么来了？——刚而抑，表示责问。

他怎么来了？——刚而扬，表示反问。

可见，朗读中的语调是细致而复杂的，它可以表达丰富的感情。

语调是千变万化的，但它的基本类型只有以下四种。

（1）平调

语调平稳，没有什么重读或强调的显著变化。一般的叙述、说明，以及表示迟疑、深思、冷淡、悼念、追忆等思想感情的句子，用这种语调。

例如：我家邻村，有一个信客，年纪不小了，已经长途跋涉了二三十年。（余秋雨《信客》）

那年冬天，祖母死了，父亲的差使也交卸了，正是祸不单行的日子。（朱自清《背影》）

爸爸的花儿落了。（林海音《爸爸的花儿落了》）

我到现在终于没有见，大约孔乙己的确死了。（鲁迅《孔乙己》）

（2）升调

语调由低逐渐升高。常用于表示疑问、反诘、惊异、命令、呼唤、号召的句子。

例如："这儿到底出了什么事？"奥楚蔑洛夫挤进人群里去，问道，"你在这儿干什么？你究竟为什么举着那个手指头……谁在嚷？"（契诃夫《变色龙》）

"共产主义是不可战胜的！"（杨沫《坚强的战士》）

……这是胜利的预言家在叫喊：

——让暴风雨来得更猛烈些吧！（高尔基《海燕》）

第二要乐业。"做工好苦呀！"这种叹气的声音，无论何人都会常在口边流露出来。但我要问他："做工苦，难道不做工就不苦吗？"（梁启超《敬业与乐业》）

（3）降调

语调由高逐渐降低，末了的字低而短。这种语调常用来表示肯定、祈使、允许和感叹的语气。

例如：读的书多起来，画的画也多起来；书没有读成，画的成绩却不少了，最成片段的是《荡寇志》和《西游记》的绣像，都有一大本。后来，因为要钱用，卖给一个有钱的同窗了。他的父亲是开锡箔店的；听说现在自己已经做了店主，而且快要升到绅士的地位了。这东西早已没有了吧。（鲁迅《从百草园到三味书屋》）

他从破衣袋里摸出四文大钱，放在我手里，见他满手是泥，原来他便用这手走来的。（鲁迅《孔乙己》）

然后他呆在那儿，头靠着墙壁，话也不说，只向我们做了一个手势："散学了，你们走吧。"（都德《最后一课》）

（4）曲调

语调曲折变化，对句子中某些音节，特别地加重、加高或延长，形成一种升降曲折的调子。这种语调常用来表示夸张、强调、反语等较为特殊的语气。

例如:"哈!这模样了!胡子这么长了!"一种尖利的怪声突然大叫起来。(鲁迅《故乡》)

"友邦人士",从此可以不必"惊诧莫名",只请放心来瓜分就是了。(鲁迅《"友邦惊诧"论》)

关于语调的几点说明:

(1)朗读中的语调是一个涉及面很广的较为复杂的问题,上面分的这四种基本类型,只是一个大体分类,或者说是对语调的基本情况的一个大体描述,只是一个框框,给语调分类也绝不是硬要把丰富多彩的语调变化强行纳入一些简单的公式。

(2)不要把这里说的语调类型同书面语中的陈述句、祈使句、疑问句、感叹句等句子类型完全等同起来。书面语中的句子的语气类型远不能概括口语中千变万化的语调。

(3)朗读中的语调在其表现中,始终是同断和连、快和慢、轻和重等联系在一起的。

(4)朗读中的语调的表现又不同于艺术表演(如朗诵、话剧表演)中的语调的表现。表演语言的语调带有明显的夸张性、表演性。如果把这种夸张性和表演性搬到朗读中来,使朗读时的语调奔突跳跃,大起大伏,这就会使朗读显得既不自然,也不真实。朗读中的语调介于生活语言和表演语言之间,没有语调的起伏变化固然不行,起伏变化过大同样也会失去朗读的特点。

·练习·

(1)请根据语调训练中的提示内容尝试着朗读这部分的例句。

(2)寻找不同文体的文章各一篇,以小组为单位,进行朗读训练。

本章参考资料

[1] 李如密.教学艺术论[M].济南:山东教育出版社,2000.
[2] 韦志成.语文教学艺术论[M].南宁:广西教育出版社,1996.
[3] 胡淑珍.教学技能[M].长沙:湖南师范大学出版社,1996.
[4] 周立群,陈斐,等.语文教育实习导论[M].广州:广东高等教育出版社,2008.
[5] 国家教育委员会师范教育司.教师口语训练手册[M].北京:首都师范大学出版社,1994.
[6] 国家教育委员会师范教育司.教师口语[M].北京:语文出版社,1996.
[7] 马显彬.教师语言学教程[M].广州:中山大学出版社,2000.

第五单元
语文课堂教学提问技能训练

 训练导言

语文课堂提问指的是在语文课堂教学中,教师为了实现某一教学目的,"试图引出学生言语反应的任何信号"。新课程理念下的语文课堂提问,还包括教师在回答学生问题的过程中有意通过各种方法再次"激发学生的问题意识,加深问题的深度,探求解决问题的方法,特别是形成自己对解决问题的独立见解"。

显然,问题对于学习动机的激发、意义的建构、知识的生成和创新以及应用技能的培养,都有无可替代的价值。在新课程要求中,如何设计或引导学生提出高质量的问题,已成为语文课堂教学中极为重要的一个方面。因为,对于教师而言,要使教学真正做到循循善诱,就必须为学生提供好的"诱饵",从而多步骤、多层次地把自己深刻的而不是肤浅的结论转化为学生思考的过程。而想顺利实现这一过程,语文教师必须在理论上和具体操作中明确以下几方面的问题。

(一)语文课堂提问的积极作用

课堂提问所涉及的问题与教学内容紧密相关,它既是组织教学的开端,又是教学进程中转换的环节,是学生学习活动中激活思维的重要因素,是教学成功的基础和关键之一,甚至可以说是"教学的生命"。恰到好处的提问作用不可低估,其作用主要有以下几点。

1. 集中注意力,激发兴趣

在课堂教学中,教师常常面临学生注意力逐渐下降的事实。要使学生的注意力长时间保持,教师必须交替使用无意注意和有意注意并使之向有意注意转化。

这就依赖于教师灵活多变的教学策略。孔子说:"学起于思,思源于疑。"人的思考往往是从问题开始的,提问可以把学生引入"问题情境",使他们的兴趣和注意力集中到某一特定的专题或概念上,激发学生的探讨兴趣,促使多数学生参与到教学活动中来,产生解决问题的自觉意向。教师应注意的是,注意力的稳定性和持久性并非指长时间指向某个固定的对象(如黑板、课文等具体对象),而是指集中在与目前任务相关的一切活动上。因此,教师提出高水平的问题,是集中学生注意力、激发学生学习兴趣的重要手段。

2. 启迪思维,培养智力

学生在解答教师提出的问题的过程中,首先是对教师给定的命题进行分析,并通过诸如观察、记忆、联想、想象等一系列的心智活动,对已有的知识和经验进行分析、综合、比较、抽象与概括等思维活动。因而,提问可以引导学生的思考方向,扩大思考角度,提高思考的层次。提问有益于学生对所学内容的深入理解,培养学生分析问题、解决问题的能力。通过提问,还可以有效培养学生的创造性思维、发散性思维和逆向性思维的能力,引导学生突破思维定势。

3. 及时反馈,调节进程

通过教师的提问和学生的回答,教师可以及时了解到教学的效果,学生也能及时检查自己的学习情况,师生进而可以对教学活动中存在的问题进行分析,调整教和学的行为。

4. 培养问题意识,发展创新能力

新课程理念下的课堂提问在本质上应该是师生一起发现问题、探讨问题、创造性地解决问题,使师生之间、生生之间、师生与文本之间形成一种对话关系,从而让学生的学习真正"活起来",让学生带着问题走进教室,然后再带着问题走出教室,形成一种多向互动且开放的状态。因此,通过提问,培养学生的问题意识,发展学生的创新能力,是课堂提问重要的功能之一。

(二)语文课堂提问设计的原则

问题设计是有效实现问题对话课堂教学的首要环节。当今建构主义者对问题设计策略提出了一些值得借鉴的意见,他们认为,教学中的问题设计需要遵循如下

原则：一是设计的问题要能适应学生的知识基础，应该以学生的已有的知识、技能为起点；二是问题应该包含着几条线索，能够激励学生沿着这几条线索展开研究；三是在问题情境中提供相关的基本性概念，以鼓励学生整合这些知识；四是应该能够通过鼓励学生生成学习问题和查阅文献，来激发学生自主学习；五是问题应该能够引发学生讨论、探询更多的答案，激发学生对学习内容的兴趣；六是问题应该与学习目标相对应。将这些观点运用于语文教学实践，概括地说，需要我们重点把握以下几条原则。

1. 启发性原则

课堂提问是启发学生思维，激发学生学习的主动性，引导学生走进文本的有效方法。问题带有启发性，设计得好，可以引导学生的思考方向，扩充思考的角度，提高思考的层次，有利于学生对所学内容的解读，使得学生的思考与对文本的理解进入更深的层次。

2. 合理性原则

问题设计的合理性是指应根据课文内容和学生的心理水平、知识能力水平设计出有利于学生智力、思维的发展，难度适中，合乎教学内容的问题。正如特级教师宁鸿彬所说："教师提问的内容，如果过于浅显，则学生无需动脑；如果过于深奥，则学生无从动脑。"此外，问题的数量也要适度。现在的语文教学中，虽然那种以教师为中心的"满堂灌"式的课堂教学现象已大大改变，但取而代之的却是一种典型的"满堂问"式的教学。这种"满堂问"的教学方式，其实仍是一方强加灌输，一方消极接受的方式，与新课程中阅读对话的理念是背道而驰的。而如果没有问题或问题过少，学生往往会处于一种"无所事事"的状态。因此，问题的设计要符合合理性的原则。

3. 针对性原则

针对性是指提问要紧扣教学目标，有利于突出重点、突破难点，有的放矢。当然，由于课堂很难也不可能完全按教师的主观意愿发展，各种意外随时可能出现。如果出现问题一出，学生都无从回答的情况，教师应相机提出一些预备性、过渡性的问题，以引发学生触类旁通。这就要求教师在课前精心设计提问，积累经验，避免问题的盲目性。

4. 序列性原则

问题的设计还应结合学生的学习水平,由浅入深,由易到难,循序渐进地展开,才能有效地提高问题设计的价值。《学记》曰:"善问者如攻坚木,尤其易者,后其节目。"即是此理。教师只有以学为本,循序渐进,层层深入地进行启发诱导,课堂上的问题教学才能取得最佳效果。

5. 简明性原则

教师在课堂教学中的语言表达要力求简洁明了,干净利索,切中要害。问题设计也要求语言简明,这样才有利于课堂中师生间有效对话,直接进行思想的交流、思维的碰撞。

6. 艺术性原则

教师在课堂教学过程中艺术地进行课堂提问,更能营造师生沟通的问题情境,形成"疑义相与析"的良好氛围,从而达到预期目的。艺术性原则就是指教师的课堂提问要富有鼓动性,能唤醒学生的主体意识,能使学生跃跃欲试,激起学习积极性,切忌"开庭审案"式的课堂提问。总之,灵活多样的课堂提问方式和民主艺术的课堂提问氛围,对提高教学质量能起到事半功倍之效。

(三) 语文课堂提出问题的类型

课堂问题设计的过程中要进行通盘考虑,教师要根据知识本身的内在联系,选择一个可牵一发而动全身的主问题作为综合分析的突破口,或者说是分析文章的恰当视角。由此出发,把握住那些富有启发性的关键问题,按一定的逻辑关系,将它们组成系列,形成思维框架,把学生的思维引入可控的较完整的阅读过程中来。这些问题大致可以分成以下类型。

1. 识记感知性问题

认知、感知问题往往在课堂的导入阶段,与学生的学习、生活体验有关,强调新旧知识的衔接。回答这些问题时,学生只需对事实或其他事项作回忆性的重述,表达自己的观点即可,难度不高。有的也不一定要学生立即作答,它的目的在于吸引学生的注意力,使师生间有效地进行平等对话,营造良好的课堂气氛,为进入正文的讲解作好知识和情绪上的铺垫。

2. 理解探究性问题

从教师提问的角度来讲,这类问题主要要求教师根据学生的不同情况进行必要的阅读指导,是通过问题设计引导学生深入理解课文的主旨,在课堂上进行对话教学的重要环节。从学生回答的角度来讲,它要求学生要学会用自己的话来对事实、事件、文本的语言、结构等进行表达和阐释。

3. 审美体验性问题

理解、领悟文本信息的过程,实际上也往往包含着学生个人的审美体验。教师在引导学生理解把握课文的同时,针对学生的审美体验,结合文本提出问题,能激发他们内心的审美能力。

4. 拓展运用性问题

一节好的语文课,既要使学生尽快进入课文,又要能使学生走出课堂。教师从拓展、运用知识的角度进行问题设计,可帮助学生在学习中很好地由课内过渡到课外,实现学以致用的目标。

5. 生成创新性问题

教师从多角度设计问题,精心地把问题目标指向教学的关键处、思考的转折点、理解的难点和探究知识的规律上,引发学生换角度思考,在一"愤"一"悱"的情境中触发学生创造性思维的火花,激发学生创造性思维的潜能。

(四)语文课堂提问应避免的问题

课堂提问是教师运用得最为广泛的一种语言技能,是课堂教学重要的手段之一。然而,目前有许多教师对课堂教学过程中师生双向活动的这一重要方法重视不够、研究不深,以至于普遍存在以下问题。

1. 粗放式提问,实效不高

教师往往随意提问,甚至流水式提问,导致"满堂问",且所提的大多是低思维度的问题,学生常可用"是"、"对"或"不是"、"不对"回答,这种看似活跃的课堂气氛,实质上是在为教师讲课或板书"填补空档"服务,教学实效不高。

2. 教师提问多,学生提问少

教师提问多,学生提问少,比例严重失调,学生的学习主体地位得不到落实,导致的后果令人担忧。明代教育家陈献章指出:"前辈谓学贵有疑。小疑则小进,大疑则大进。疑者觉悟之机也,一番觉悟,一番长进。"王夫之也说:"由不疑至于疑,为学日长。"他们都说明了一个道理,学习的过程,是围绕一个"疑"字,有疑才会产生问题,有问才引人深思。在语文教学中,只有当学习者能质疑、会质疑,才能真正体现出学生的主体性。

3. 惩罚式提问

在课堂上经常会出现学生"走神"、"睡觉"、"眼望窗外"等注意力不集中的情况,这时若老师突然对这个学生提问,学生显然是回答不出来的。这种惩罚式的提问,不仅容易伤害学生的自尊心,而且容易破坏师生之间的感情,在教学中应尽量避免。

案例评析

下面的内容选自上海已故特级教师徐振维老师的《〈白毛女〉节选》教学案例。

1. 现在让我们来爬第一个坡:你能不能找出例子,说明人物的动作是符合他的身份和性格的?(学生列举:杨白劳"畏缩地看看四周";穆仁智"轻薄地用灯照喜儿";杨白劳"一层层剥开包有红头绳的小纸包";杨白劳"大惊、昏迷地战抖着"等例,分析人物的身份和性格。)

2. 现在我们来爬第二个坡:说明语言也是符合人物性格和身份的,不同的人物对同一事物都有不同的语言。(师生就"杨白劳眼里的'灯'与黄世仁眼里的'灯'"、"杨白劳与穆仁智关于'找地方说理'的对话"等进行分析讨论。)

3. 现在我们再来爬一个坡:从同一人物对同一事物前后不同的语言理解人物的性格在变化。(教师引导学生重点分析杨白劳的逃避→忍耐→侥幸→哀求→反抗→愤怒的心理发展曲线。)

4. 上面分析人物语言与身份性格的关系,都是通过一段一段的话,或者一句一句的话来进行的,能不能再从一个角度,即从人物的只言片语来分析人物的身份和性格呢?(师生分析,黄世仁为把喜儿骗到手,七次喊"老杨",后来本性大暴露,口口声声喊了十几声"杨白劳"。由此可见,一个简单的称呼,也反映人物的性格。)

总评:以上案例中的几个问题都是课堂教学中的"主问题"。课堂教学中的"主问题",是相对于课堂教学中那些零碎的、肤浅的、学生活动时间短暂的应答式提问而言的,它是指对课文阅读教学过程能起主导作用、起支撑作用,能从整体参与性上引发学生思考、讨论、理解、品析、创造的重要的提问或问题。"主问题"有着自己鲜明的特点:第一,"主问题"是经过概括、提炼的,是教师精细阅读课文与精心思考教学的思想结晶,是一种可以引动整体性阅读的教学问题,课堂上常见的"是"或"不是"之类的简单回答在它面前无能为力。第二,"主问题"在教学中出现的顺序是经过认真考虑的,一节课中的几个重要的"主问题",其出现的先后是一种科学有序的安排,它们各自在教学的一定过程中发挥自己的作用,不具有一般提问的随意性。第三,"主问题"对课文内容和教学过程都有着内在的牵引力,每一个问题都能组成课堂上一个教学活动的"板块",它不会在教学中像随口问答的问题那样转瞬即逝。所以,"主问题"是阅读教学中立意高远的有质量的课堂教学问题,是深层次课堂活动的引爆点、牵引机和黏合剂,在教学中显现着"以一当十"的力量,具有"一问能抵许多问"的艺术效果。

·思考链接·

(1)请根据以上内容,自选一篇课文设计"主问题",并谈谈设计的理由。

(2)美国教育家特内把提问由低到高分成六个层次水平,并创设了"布卢姆—特内教学"提问模式。

① 知识水平的提问。主要是检查学生的已有知识经验,所涉及的心理过程主要是记忆,提问的关键词是:谁、什么是、哪里、何时等。这是最低层次、最低水平的提问。

② 理解水平的提问。它要求学生能用自己的话来叙述所学的知识,比较知识和事件的异同,能把知识从一种形式变成另一种形式。它可以帮助学生理解所学的知识,弄清知识的含义。提问使用的关键词是:怎样理解、有何根据、为什么、怎么样、何以见得等。

③ 应用水平的提问。它要求学生对问题进行分类、选择,以寻找正确答案。它能使学生把所学的知识应用于某些问题,其心理活动主要是迁移。提问的关键词是:运用、分类、选择、举例等。

④ 分析水平的提问。它要求学生运用批判思维,分析提供的资料,进行推论,确定原因,可用来分析知识的结构、因素,弄清事物的关系和前因后果。提问的关键词是:为什么、什么因素、证明、分析等。

⑤ 综合水平的提问。它要求学生将所学知识以一种新的或有创造性的方式结合起来,形成一种新的关系,能够解决应该解决的问题。常用的关键词是:综合、归纳、小结、重新组织等。

⑥ 评价水平的提问。它要求学生对一些观念、解决办法进行判断选择,提出见解,作出评价等。它能帮助学生依据一定的标准来评价事物的和材料的价值。提问常用的关键词是:判断、评价、你对……有什么看法等。

请以某篇课文为例,按照"布卢姆—特内教学"提问模式,设计若干问题。

训练项目

一、语文课堂提问方法训练

项目一:铺垫提问法

所谓铺垫提问指的是解决某一颇有难度的问题时,教师在提出问题之前,先将要解决这个问题的相关知识、背景加以概括或提示,让学生沿着已知与未知的联系去思考答案。这种提问既强化了已知知识,又降低了未知的难度,加强了新感知材料同原有材料的内在联系,使学生的思维有明显的倾向性。

例如,要学生谈谈某首格律诗的艺术特点,可以先概括介绍一下格律诗鉴赏的有关知识;又如,要学生分析《雨巷》的内容,可以先介绍一下作者的创作背景,等等。

·训练·

寻找一篇语文课文,模拟语文课堂运用铺垫提问法提问。

项目二:演示提问法

所谓演示提问指的是教师在设计问题的时候,根据课文内容用表演或实物展示的方式来激发学生思维的一种提问方式。

例如,前面讲过的《死海不死》的教学案例。

·训练·

寻找一篇语文课文,模拟语文课堂运用演示提问法提问。

项目三：分解提问法

所谓分解提问指的是在课堂教学中，教师在设计问题的时候，将问题设计成不同层次，或者将一个问题分解成几个相关联的小问题，遵循"摘桃子原则"，让学生"跳一跳，够得着"。在教学实际中，有些教师急于完成教学目标，会提出一些所谓一步到位的问题，这些问题因为难度太大或太笼统，常常让学生"丈二金刚，摸不着头脑"，反而拖慢了课堂节奏。

例如，有位老师在介绍完《林教头风雪山神庙》的作者及其作品后，即提出："小说中，'风雪'这个环境描写有何作用？"虽然教师对问题的答案了然于胸，但因为缺乏必要的铺垫和引导，问题设计又不够具体，学生不是回答得支支吾吾，不得要领，就是哑口无言，表情尴尬。

（点评：太难、太空的问题容易使学生情绪紧张，课堂气氛沉闷，教学进程停滞不前。）

又如，引导学生理解"祥林嫂的性格特点及造成其悲剧的根源"是鲁迅小说《祝福》的教学目标和要解决的中心问题。有教师围绕这一目标，设计了以下相关的小问题：

1. 祥林嫂为什么要逃到鲁镇帮工？在鲁家她"整天的做"，"简直抵得过一个男子"，为什么"她反满足，口角边渐渐的有了笑影"？
2. 祥林嫂被卖给贺老六时，为什么要拼命反抗？夫死子亡后她的处境如何？
3. 祥林嫂再到鲁家帮工时，人们尤其是鲁四老爷对她的态度怎样？
4. 祥林嫂为什么要用她多年的工钱去捐一条门槛？
5. 祥林嫂被鲁家赶出来后，临死前为什么对"魂灵的有无"表示怀疑？

（点评：这些问题的设计，一步步引导学生接近问题的核心，有利于攻破重点、难点，也让学生在解决问题的过程中有了信心和成就感，从而激发起强烈的参与欲望，使师生配合更加默契，课堂气氛良性发展。）

·训练·

寻找一篇语文课文，模拟语文课堂教学运用分解提问法提问。

项目四：追问法

所谓追问是指在某个问题得到学生的回答之后，教师再顺着其思路对问题紧追不舍，刨根究底继续发问，其表现形式一般是"为什么……""是不是……"。有位教育家说:"教学的艺术全在于如何恰当地提出问题和巧妙地引导学生作答。"教师提出一个问题后,不能仅仅追求或满足于一个正确答案,还要灵活地抓住学生回答过程中的"有利因素",相机进行启发、引导,使学生思维更深入、更开阔,获取更多的信息和知识。

例如,有位教师在讲《沁园春·长沙》一诗时,讲到毛泽东笔下的秋景为什么与一般的咏秋词不同,提出:这与什么有关?不少学生说"与一个人的性格、气度有关",并说毛泽东是个性格开朗的人。按照备课思路,本来问到这里就没打算再问下去,但学生的回答使这位教师意识到这是进一步激发思维的良机,于是继续追问:"是不是性格开朗的人就一定能写出毛泽东笔下秋景的意境?"促使学生进一步思考,认识到毛泽东是一代伟人,有远大的抱负、博大的胸襟、乐观的性格,因而笔下的秋景充满力量,催人奋进。这一追问,收到了较好的效果。

· 训练 ·

寻找一篇语文课文,模拟语文课堂教学运用追问法提问。

项目五:登级提问法

所谓登级提问,指设计的几个问题有机地联系成一个整体,每个问题是一级台阶,或者前面问题是后面问题的准备,后面问题是前面问题的发展;或者前面是一般性问题,后面是一般性问题的演绎或应用;或者前面的材料是引起问题的原因,后面问题是前面材料的结果。这种提问,充分考虑到学生思维的程序性,对于培养学生前后联系思考问题的习惯,使之沿着某个方向深入探讨,以获得对某个问题本质的理解和掌握很有好处。

例如,一位老师教授鲁迅的《为了忘却的记念》一课,分析"原来如此!……"时是这样启发的:

师:鲁迅在叙述柔石等23位烈士遇难,且柔石身上中了十弹之后,仅用"原来如此"四字表达感情,是否太轻描淡写了?

生:不是。因为后面有省略号。

师:联系前文看省略号省略了什么?

生:对反动派无比气愤,对烈士无比悲痛。

师:那为什么不用抒情句直接写出来?

生:此时无声胜有声,是鲁迅先生悲痛气愤无以复加,说不出话来。

当问及感叹号在这有什么作用时,很多学生仅停留在"起强调作用"上,老师就进一步启发:"如此"代指什么?学生明白后就自然而然明白感叹号在这里是表示作者"出离愤怒"的心情。

(点评:循序渐进式的启发问答,逐步深入,令人有剥笋之感,有助于开发学生智力,启迪学生思维。)

·训练·

寻找一篇语文课文,模拟语文课堂教学运用登级提问法提问。

项目六:比较提问法

比较提问指的是所提问题在内容上可以互相比较,问题的提出,给学生显示了可比要求,内容上的客观可比因素与可比要求相结合。这种提问,有利于启发学生通过分析对比,找出不同认知对象的结合点和不同点,限制负迁移效应的发生。

例如,鲁迅《药》中的华大妈和夏四奶奶的心理、神态和行动的对比;又如同样是写父亲,《背影》和《台阶》在立意和取材方面有什么不同?各有什么好处?

(点评:有比较才有鉴别。中学生,特别是高中生,一方面随着知识的日益丰富,视野日益开阔,另一方面他们对知识的理解还有一定局限性。因此,教师要提出有思想性、有一定深度的问题,引导学生通过自己的分析、比较、推理,去探求问题的本质和规律,求取真知。)

·训练·

寻找一篇语文课文,模拟语文课堂教学运用比较提问法提问。

项目七:钩玄提问法

钩玄提问是指教师抓住问题的要害与关键点巧妙设问的提问策略。运用钩玄提问策略能够帮助学生弄清文章结构,驾驭全篇,理清思路,得其精义。

例如,有位教师在教《我的叔叔于勒》时,不按顺序提问:为什么于勒本来是全家的"恐怖",后来却成了全家的唯一希望?他到美洲先写了怎样的一封信?第二封信又说些什么?等等,而是采用钩玄提问策略:于勒耗尽了家产,是个花花公子,为什么若瑟夫会对他流露出深切的同情?这一问,直接抓住了全文的要害,学生要得到正确的答案,必须认真通读全文,对比于勒前后的不同,分析他给菲利普的两封信所表达的思想,通过于勒在船上当水手时的服装、神情、动作以及他的那只手,看到他思想发生的变化,从而认识莫泊桑谴责的那个资本主义社会。

（点评：钩玄提问策略不仅能够激起学生思维的浪花，而且对于深化文章主题具有重要价值。）

·训练·

寻找一篇语文课文，模拟语文课堂教学运用钩玄提问法提问。

项目八：反诘提问法

当教师提出的问题得不到学生的正确回答时，可以不急于去纠正其中的错误，而是针对错误提出反问，使学生原以为正确、完善的答案，被证明是错误的、漏洞百出的，这就使他们原有的观念被瓦解，迫使他们重新思考问题，逐步得出新的、正确的结论。古希腊著名哲学家和教育家苏格拉底善用反诘式提问策略。其著名的教学方法"助产术"中就包含着反诘式提问的艺术。

例如，有一老师问学生"什么是牺牲"时，就运用了反诘式提问策略。

师："什么是牺牲？"

生："牺牲就是一个人死了。"

师："那一个坏人被枪毙也叫牺牲？"

生："好人死了就是牺牲。"

师："那么，一个好人生病死了，或者说一个好人寿终正寝也是牺牲？"

生："好人为了做好事而死的就是牺牲。"

（点评：反诘式提问，可以使学生意识到自己答案中的不妥或矛盾之处，从而引发进一步的思考，充分发挥教学提问所具有的促进学生思维发展的功效。）

·训练·

寻找一篇语文课文，模拟语文课堂教学运用反诘提问法提问。

项目九：迂回设问法

迂回设问即"问在此而意在彼"。教师的本意是解答甲问题，却偏不直接问，而是绕个弯提出乙问题，乙问题的解决又以甲问题的解决为前提，所以只要学生解答了乙问题，甲问题便等于是"不答而解"。同样的问题，采用迂回提问策略，使得学生必须通过联想和推理才能解答，有利于激发学生思维的兴趣。

例如，钱梦龙老师教《愚公移山》时，问："有个孩子也要去帮助老愚公移山，孩子的父亲愿意让他去吗？"钱老师明知这孩子没有父亲，因此这一问是虚问。学生们先是一愣,马上醒悟过来:"这孩子没有父亲,他妈妈是'孀妻','孀妻'就是'寡妇'的意思。"

(点评:钱老师运用假设提问策略巧布迷障,激起了学生智慧的火花。可以说,这一问既加深了学生对于"孀妻"的理解和记忆,同时又活跃了课堂气氛,可谓一举两得。)

又如,讲授鲁彦的《听潮》一课时,要引导学生理解这篇文章的结构,有的教师这样提问:"全文可分几部分?每部分写了些什么?"有的教师则采用另外一种问法:"作品是用拟人的手法来写的,按照人的特点,作者给我们描绘了三幅图画,每幅画各有特点,请你们找一找,这三幅画在哪里?"

(点评:前一种是直问,后一种是曲问,两种问法,效果大不一样。)

·训练·

寻找一篇语文课文,模拟语文课堂教学运用迂回提问法提问。

项目十:正反设问法

《论语》中记载,有人求教于孔子,孔子则以问作答。他从正反两个方面向求教者提问,求教者很快就领悟了问题的答案。这种"叩其两端"的提问是一种行之有效的方法,能引导学生从不同方面去分析问题,加深对问题的理解,能培养学生全面分析问题的能力和思辨的能力。

例如讲授《好读书,读好书》的综合性学习内容时,可问为什么要坚持读书,为什么要读好书,引导学生从正面认识常读好书的重要意义;然后再问:不读书行吗?只读快餐书籍行吗?引导学生从反面认识不坚持读好书是不利于自身发展的。这样正反设问,能使学生对坚持读好书的重要性理解得更为全面深刻。

·训练·

寻找一篇语文课文,模拟语文课堂教学运用正反提问法提问。

项目十一:联系提问法

所谓联系提问指的是为了巩固已有的知识并加深学生对新知识的理解,通过归类、比较等方法联系旧知识进行提问。知识在于积累,学生有了一定知识基础,又有求取新知的欲望,教师要善于引导学生"温故知新",联系已学过的知识,引导学生到知识的海洋中遨游,加深对新知识的理解。

例如，学习《殽之战》一课的过程中，当学到"蹇叔之子与师"这句时，教师提问一个学生，这句中的"与"是什么意思？有位学生回答说，这句中的"与"就是"参加"、"参军作战"的意思，是动词。教师肯定了那位学生的回答是正确的，并在学生理解了"与"就是"参加"的意思后，又引导学生联系已学过的知识，举出一些相当于"参加"这个意思的"与"来。这时，课堂上活跃起来了，学生争着举手回答："咸与维新"中的"与"、"参与"的"与"、"与会者"的"与"……后来，教师又联系了"与"这个词其他的意义和用法，如："我与他"中的"与"是连词，"和"的意思，应念"yǔ"，第三声，"吾乐与！"中的"与"，是语气词，相当于"呀"的意思，应念"yú"，第二声；"蹇叔之子与师"中的"与"，是动词，"参加"的意思，应念"yù"，第四声。这样，经过学生的回答，老师的总结、对比，温故知新，不仅学生学习兴趣高涨，而且所获得的知识也更加广泛，掌握更加牢固，收到了良好的教学效果。

·训练·

寻找一篇语文课文，模拟语文课堂教学运用联系提问法提问。

项目十二：破题提问法

所谓破题提问指的是围绕教学的重点或难点，从分析文章题目入手设计问题。文章的题目就如人的眼睛，是通向文章"心灵"的窗户，因此，围绕文章的题目设计问题往往能抓住教学中的主要矛盾，有利于更好地理解文章。

例如，教授《为了忘却的记念》时教师问：是谁记念谁？"忘却"和"记念"是反义词，用在这里是不是矛盾？有什么值得记念的？由于这三问贯穿于全文的始终，是文章的主线，所以提问收到了以一当十、以少胜多的效果。

·训练·

寻找一篇语文课文，模拟语文课堂教学运用破题提问法提问。

二、语文课堂问题设计方法训练

项目一：用于引发学习兴趣的问题设计技巧

这类问题的目的在于引起学生的注意，激发学生的学习兴趣。一般运用于课堂的起始阶段。设计这类问题时，教师要注意把问题的解答与当前要学习的内容紧密结合起来；抓住新旧知识之间的联系，引领学生走进课文世界。制造悬念既能巧妙地提出学习任务,又能创造出探求知识的良好情境,吸引学生的注意力。

例如,讲授课文《第一次真好》(人教版第七册)时,有教者采用问题导入:"生活中的第一次可以说多如牛毛,同学们的日常生活可以说与第一次密不可分,你们有哪些第一次呢?这些第一次有何意义?可以讲给大家听一听吗?"在这个环节的设计中,教者目的在于引导学生回忆生活中的"第一次",鼓励学生讲出体验,使他们更易理解课题,同时也训练了他们的口语表达能力。

同一篇课文,有教者则这样设计问题导入:他先在黑板上写下"我是最棒的!"让同学们读两遍,以此作为教学切入点,再设悬念:"你知道第一个吃西红柿的那个人吗?你知道'第一个吃螃蟹'的重大意义吗?第一次远行,第一次脱险,第一次求助……自从我们有意识以来,数不清的'第一次',无一例外地给我们带来了莫大的新奇和刺激。但又有谁真正懂得'第一次'的奥妙呢?"引入对课文《第一次真好》的学习。此处的导入调动了学生的兴趣,激发了学生的求知欲,为学习新课作了很好的铺垫。

·训练·

要求:

(1)了解掌握此类问题设计的方法和规律。

(2)自主设计出恰当的目的明确的问题。

任务:

(1)以试教小组为单位,在网上或教学资源库中收集典型课例,辨别并分析归纳课例中用于引发学习兴趣的问题设计技巧,在班级中交流介绍。

(2)从教材中任选出文学类、论说类、实用类等课文各一篇,以导入新课的方式设计出能有效引发学习兴趣的问题,围绕有利于新课的讲解、吸引学生学习的积极性从各角度进行设计,预设不同的教学效果。

(3)小组交互讨论评价设计结果,全班共同概括规律。

项目二:用于引导学生深入思考的问题设计技巧

如果说初读感知是以学生自读自悟为主,包括教师与文本、学生与文本的对话过程,可以称为教学的第一环节的话,那么,熟读领悟、理解可以说是教学深入进行的第二个环节。需要解决的问题往往在教学展开的过程中呈现,目的在于把学生的思维活动引向深入或拓展加深对所学内容的理解。课文的讲解要突出文本的主要内容,把问题序列化,构建思维框架。在这个过程中涉及两个主要问题:一是如何寻找分析问题的恰当视角,设置主问题;二是如何把握文章中富有启发性的关键问题,并将它们有机结合起来,构建思维框架。

例如:《孔乙己》一文的讲解。

以课文最后一句话作为讲解课文的突破口,设计了一个主问题:"为什么说孔乙己是'大约的确死了'"? 根据文章结构走向,分别设置两组六个问题。构建了学习本文的思维框架。

第一组以"大约死了"为主线,设计了三个问题:

孔乙己处在什么样的环境中?

孔乙己有着怎样的特殊身份?

哪些人笑孔乙己? 为什么会取笑他?

——帮助学生了解人物生活的环境。

第二组以"的确死了"为主线,设计三个问题:

孔乙己两次出场,在外貌、神态、动作、语言上有哪些变化?

为什么会有这些变化?

孔乙己的必然下场说明了什么?

——理解人物的悲剧命运(社会的悲剧、性格的悲剧)

·训练·

要求:

能合理设置问题情境,通过提出序列化的关键问题,形成清晰的思维框架,引导学生进行有效、深入的课堂学习。

任务:

(1) 以试教小组为单位,在网上或教学资源库中收集典型课例,辨别并分析归纳课例中用于引导学生深入思考的问题设计技巧,在班级中交流介绍。

(2) 从教材中任选出文学类、论说类、实用类等课文各一篇,构建出课文的问题框架,并对实现教学目标的步骤和方法加以说明。

(3) 从教材中任选一段文字,设计出各种理解领悟的问题,并将它们组成台阶型提问。同时写出学生的预想答案及处理办法。

(4) 小组交互讨论评价设计结果,全班共同概括规律。

项目三:用于引导学生进行审美体验的问题设计技巧

美文要美教,审美教育是当前语文课改中重点强调和遵循的教学理念之一。实施审美教育的有效途径是加强审美体验和审美想象。夏丏尊、叶圣陶先生曾说:

"文章是无形的东西,只是白纸上的黑字,所以会感到悲欢,觉得人物如画者,全是想象的结果。"这类问题的设计首先要充分研究受教者、了解受教者,充分估计受教者的审美经验和心理承受力,选择适当的审美媒介,找到通往学生心灵深处的道路。具体来说,第一,从学生最感兴趣的方面入手,选准容易被学生理解和接受的审美起点。第二,及时提供学生情智结构中所缺乏的,但又能深化审美思维的新鲜信息。第三,教师要用文学和美学的眼光深切领悟课文,并指示学生领悟的方法。

例如,王安石的名句"春风又绿江南岸",历来作为炼字成功的典范来学习,学生对诗句很熟悉,没有多大的兴趣。教学时有教者这样设计:

先启发学生用平等审视的眼光去看这首诗,体会不同的作者在不同的心境、遭遇,不同的语境下,是不是可以对"绿"字有不同的选择。学生立刻活跃起来:如果作者是一个顽皮的小姑娘,用"戏"字更能突出人物的性格;如果是一对恋人隔江相望,用"吻"则更能刻画人物的心情;如果是一个思乡心切的游子,用"去"则更能体现主人公的心态。

然后,提供一定的审美信息,深化审美体验,让学生深入体会这首诗妙在何处。《泊船瓜洲》是宋神宗熙宁八年,王安石再度拜相,奉诏进京,当他从京口渡江,抵达瓜洲时,回望他罢相后寓居的江宁钟山,写下这首诗:"京口瓜洲一水间,钟山只隔数重山。春风又绿江南岸,明月何时照我还。"用"绿"描写春风,唐人已不乏先例,如李白"春风已绿瀛洲草,紫殿红楼觉春好"、丘为"春风何时至,又绿湖上山"。然而人们却独赏"春风又绿江南岸"一句,认为有"出蓝"之妙,不仅在于它表述更为简洁,更因为"又绿"两字上接对第二故乡钟山的回望,下启"明月何时照我还"的遐想,不仅为春到江南传神,更为去思依依点睛,具有诗学上说的"二重"意味。

如果再联想王安石两度拜相的背景,继续玩味"又绿"二字,里边交融着复杂的心境——一种并不强烈的亢奋和稍许的落寞与惆怅;里面可能有作者东山再起,对变法前途的信心,也可能有因朝廷斗争复杂,怕重新入相再遇不测的担心,这其中的意味又不仅仅是两重了。

(点评:从这个角度来设计这篇课文,更容易使学生进入到课文当中,并且能很好地促进读者与文本、作者之间的对话。)

又如《边城》教学中,有教者这样总结全文:

"所有的事祖父都一个人扛着,为翠翠,他操碎了心。然而祖父的努力犹如小石子扔进大海,激不起一点波澜,而且事情反而越来越糟,逆着他努力的方向发展,这一切首先是因为'命'!沈从文是一个信仰生命的人,他相信生命的偶然。其次则因为'善'!'善'是促成'悲剧'的因子。祖父对翠翠的爱搅乱了年轻人的爱情,老大老二的善良退让最终导致了悲剧。"

填空小结：因"善"产生的悲剧是最（　　）的悲剧。

（点评：教者这一总结回顾式的语言对整篇小说的情节和情感基调作了概括，目的在于让学生重温小说体现出的语言、情感美。）

有的教师则用一位美学者写给沈从文的诗的结尾作总结"我知道许多管渡船的老人，/在迷人的渡口守望着河流。/但是，我只知道一个翠翠，/我也知道她永远等待我/从那丛山中奔流而下的小溪边上，/在一个比游鱼出没还深的梦里，/它永远等待/我过渡，就在边城那边。"这就是翠翠的魅力，这就是《边城》的魅力。接下来，教者以作业的形式展示问题：你认为《边城》美在哪里？写一篇赏析文章，角度要小，题目自拟。

（点评：以这种形式来回顾作品、感受作品也不失为一种好的方法。）

· 训练 ·

要求：

（1）了解掌握审美性问题设计的方法和规律。

（2）能用文学和美学的眼光深切领悟课文，能从学生最感兴趣的方面入手，选准容易被学生理解和接受的审美起点。

（3）能指示学生领悟并深化审美思维的方法。

任务：

（1）以试教小组为单位，在网上或教学资源库中收集典型课例，辨别并分析归纳课例中用于引导学生进行审美体验的问题设计技巧，在班级中交流介绍。

（2）从教材中选出文学性较强的文章，从文学审美的角度和情感体验的角度设计与学生兴趣、审美观相符合的问题，引导学生进入美文共赏的境界，进行审美教学。

（3）从教材中任选一优美的段落、句子、词语，仔细品味、揣摩它的优美之处和审美价值。

（4）根据以下提供的教学情景材料，设计一个小说人物鉴赏的教学片段。

（要求能够围绕给定的情景材料和已学过的小说篇目，确定本课的教学目标、教学重点及难点，并用你认为合适的课型设计一个较为详细完整的教学过程。）

在一个乡村小镇的公路边上，一辆小轿车撞上了一个农民的架子车，架子车的轮子变了形，小轿车边上掉了一点油漆。这时从车上跳下一个满脸酒气的干部模样的人，他把农民推倒在地，并破口大骂。这时，从四周围过来许多人，其中有奥楚蔑洛夫、孔乙己、闰土、杨二嫂、贾雨村、祥子、鲁智深、郭全海等，还有一些围观者……最后，人们都散去了。

这个问题是怎么解决的？这些小说中的人物在这件事的处理上有怎样的表现？

（5）小组交互讨论评价设计结果，全班共同概括规律。

项目四：用于引导学生拓展应用问题的设计技巧

在对话式的课堂教学中，我们追求课堂的自然流畅，问题的提出和讨论的结果在师生间的对话中显得水到渠成，在自然而然的情境中，给学生带来思考。在这种平等融洽的对话中，学生受到人文精神的熏陶，在情感、智力、思维上得到启发。延伸拓展式的问题一般以真实的情境为基础，目的是引导学生把当前所学的知识、技能迁移到现实生活中，解决真实的问题，发展学生的实践和实际应用能力。一般在课的结尾部分呈现。

例如，张靖老师在讲《藏羚羊跪拜》一课中，对课文的疑点进行一番讨论后，提出问题，要求大家说说：

① 或者现在你又有了一些新的感受，乃至有一些超越这则故事的感悟，说出来让大家分享吧。

② 如果给你一个机会，你有什么话想对老猎人或藏羚羊说？

③ 如果给你一个机会，你有什么话想对文章的作者说？

④ 如果给你一个机会，你有什么想对新教材的编者说？

（点评：从表达自己观点的角度拓展开来，谈谈心得体会，有利于开拓认识。）

例如，讲授鲁迅《示众》一文，江奎老师在课堂的最后以作业的形式提出探究问题：

① 用"看/被看"模式解读鲁迅其他的小说，如《孔乙己》、《祝福》、《狂人日记》、《药》等，你会有怎样的感悟和发现？

②《示众》无具体的故事情节和人物刻画，给我们留下多样化解读的广阔空间，每个人都可以用自己的生活体验加以补充、发挥、具体化，你能谈谈你个人的阅读感受和理解吗？

又如《藏羚羊跪拜》一课讲完之后，教者从《中学生画报》、《中国国防报》、人民网、东方网等网站上摘录了一些有关藏羚羊的报告，要求学生阅读这些资料后组织发现、探究活动，以写作的形式写出探究结果，开阔同学们的视野，拓展思维。

又如，夏维波老师在讲《项链》一文时，针对课文的情节大胆地假设"倒叙会怎样""删掉结尾部分会怎样"的问题，引导学生思考和讨论后，又提出"续写会如何"的问题加以拓展和延伸。

（点评：夏老师在着重挖掘文本的同时适时拓展，把文本的解读引向新意的建构，为学生的语文思维形式提供平台，在课堂上充分调动学生主动参与的兴趣，在互动性阅读中使得主客两种文化成分进行激烈的碰撞，相互兼容，相互修正，互动发展，形成新的文化，促进文化的建构和再建。）

·训练·

要求：能够有意识地把一篇课文放到更大的参照系中去读去教，尝试由课内向课外拓展，由课文理解向课题研究延伸。

任务：

（1）以试教小组为单位，在网上或教学资源库中收集典型课例，辨别并分析归纳课例中用于引导学生拓展应用的问题设计技巧，在班级中交流介绍。

（2）利用结束环节归纳、整理、迁移教学内容，引导学生扩展深化思维。从教材中任选一篇文章或一个段落设计一堂课的结束片段，从学以致用的角度设计问题。要求在学习知识的水平上开拓学生的阅读视野，让学生运用掌握的知识有效学习新知识，对问题能形成自己的观点、看法，有一定的科学性和创新性。

（3）小组讨论在新课程中作业设计将会发生怎样的变化。任选两到三个不同类型的教学单元，设计一套有利于学生拓展学习空间的专题研究性作业，说明设计意图和实施策略。

（4）小组交互讨论评价设计结果。

项目五：用于激发学生思维生成、创新的问题设计技巧

这类问题已不局限于当前学习的内容，它需要学生综合应用新旧知识、技能解答，其答案多属于开放性的，通常也多在一节课的结尾部分呈现。任何文本都存在着不确定性和空白。在课文的解读中，往往也存在着创造的余地。因此，在教材和教法的使用方面，提倡批评性读解（即对课文不再是单纯地唱赞美诗）、提倡背离性读解（即采用反问思维，有意读出课文的另一面意思），提倡分歧性读解（即选择有争议的题目，让学生结合课文展开论争），有助于激发学生的创新思维兴趣和能力。

创新性问题的设计首先要求师生重新认识教材、树立全新的教材资源观。把教材当做为学生提供的涵育语文情感，历练语文思维，厚积语文学养的学习的材料、积累的材料、探究的材料、讨论的材料。从迷信教材、把教材看做是完美的不可逾越的规范到平等审视教材，把教材当做学习研究、分析甚至批判的对象。没有平等审视就没有生疑，无疑就不能深入思考。

就课文的读解而言,引导学生与课文的对话,一般有三个步骤:

第一,进入课文世界,与之贴近、交融,引导学生读课文要字求其意,句索其旨,与文本息息相通。

例如,有教师在教授《祝福》一课时,自己先反复品读、深入课文,终于发现祥林嫂悲苦命运发展的每一个临界点都和春天有关:死丈夫于春日,被抢于春日,被逼再嫁于春日,离开人世也于迎春之日。抓住"春天"这一语词在课文中的反复出现,独具匠心地设计了三个问题:

有人说,祥林嫂是一个一生都没有春天的人,你认为呢?

祥林嫂的一生为什么没有春天?

作者为什么要塑造一个一生都没有春天的人?

(点评:教师通过自己与教材的对话,运用问题的引导,有效启发学生与教材进行深入对话。)

第二,走出课文世界旁观凝思,作冷静的评判。

以《归园田居》的教学为例。《归园田居》《饮酒》《桃花源记》都是学过的课文,学生对陶渊明并不陌生,在他们心目中,陶渊明淡泊名利,闲适飘逸。而这几首诗正好符合他们心目中的陶渊明的形象。这可以加快对诗歌的理解,但这种认知的平衡不利于学生深入理解。教师如能及时引导或提示学生补充新信息,就可以有效打破学生的认知平衡:出示《晋书·陶潜传》及陶渊明的《读山海经十》——精卫衔微木,将以填沧海。刑天舞干戚,猛志固常在……讨论陶渊明真的快乐吗,隐士的价值与局限等。学生看后会发现,原来自己心目中飘逸淡泊的陶渊明居然也曾经有过一番雄心壮志,而且,他的田园生活也并非人们想象的那样闲适安逸,每天要自己参加劳动,生活还挺艰辛,从而体会诗人"误入尘网中,一去三十年",这三十年的时隐时仕是一个俗念和本性、现实和理想、肉体艰辛和精神痛苦的不断权衡矛盾的过程。并进一步理解陶渊明最后隐居田园的决心是他为官多年后的大彻大悟,也是一种自我超越。

(点评:引导学生把一篇课文放到一个更大的参照系中,通过比较,分析异同,可以更好地领会文章深意。)

第三,打破阅读理解的"成见",比较揣摩,读出新意。

例如,美国学生读《小二黑结婚》,对三仙姑作如是评价:三仙姑值得同情,她不算老,仍然爱生活,爱活动,爱交男朋友,不愿当一个活着和死了相差无几的"节妇"。她的装神弄鬼是生活所迫、别无出路的一种变态反应。区干部对她的责骂是不公平的。至于奚落她脸上的粉擦得太厚,像下了霜的驴粪蛋,那只能说明对个人爱好的野蛮限制,是"多管闲事"。

（点评：美国学生从他们的文化观念出发评价三仙姑,却让我们从另一方面认识到作品的深刻性,这甚至是作者都没有想到的。）

鼓励学生"误读"是打破阅读理解的"成见"的有效方法之一,积极设疑发问,可激发学生读出新意。在误读中往往存在着创造：当读者的理解与作者的创作原意不符,但却符合文本或生活的客观实际,这类误读可以说是一种创造。

换一个角度重新对课文进行阅读、理解、探讨,便有利于创新思维的培养。在语文课堂教学中,这种创新思维的训练材料资源丰富,只要善于发现,文本中也潜藏着许多空白点。

例如,鲁迅的《论雷峰塔的倒掉》一课,课文最后以"活该"二字独作一段结尾,这到底是对封建专制象征的雷峰塔的倒掉幸灾乐祸还是对满口"阿弥陀佛"的法海落得个苟存于蟹壳下场而幸灾乐祸呢?

又如《孙权劝学》里并未对吕蒙如何努力学习作赘述,而是用鲁肃和吕蒙的对话来体现吕蒙进步之大。可引导学生去品味行文简洁之美以及侧面烘托之妙。

（点评："大音希声,大象无形""万象皆由空出""只可意会不可言传"都是妙境,从心理学和美学的角度来看,"空白"能使人产生一种急于"填补""充实",并使之趋于完美的心理。成功的作品精妙之处往往也在于文本中存在的"空白",因为它能使不同的心灵对象产生独特的阅读感受。）

·训练·

要求：

问题设计要能有效启动学生的思维；角度要新,能引发学生探究的兴趣；问题情境创设要能尽量拓展学生的思维空间。

任务：

（1）从教材中任选一篇文章,从不同的角度进行阅读,并记录下不同的感悟和理解,问题设计要有广度。

（2）从教材中任选一篇文章,从同一角度进行多次阅读,寻找文本的空白点和不确定性内容进行阅读,设计问题要具有深度。

在这里,我们特别关注了兴趣感知性、理解探究性、审美体验性、拓展运用性、生成创新性等类型的问题设计,当然,对于其他类型的问题设计也同样不能掉以轻心。只有在实际课堂中积极主动地进行问题技能的训练,不断地探索和创新,才能取得更好的教学效果,提高自身的教学水平和课堂教学效率。

本章参考资料

[1] 靳建.中学语文参与式教师培训教程[M].北京:首都师范大学出版社,2003.

[2] 李颖.中学语文微格教学教程[M].北京:科学出版社,2000.

[3] 王尚文.语文教学对话论[M].杭州:浙江教育出版社,2004.

[4] 王丽.中国语文教育忧思录[M].北京:教育科学出版社,1998.

[5] 蔡伟.新理念:为何难以走进语文课堂——从两则案例谈起[J].语文建设,2003(5).

[6] 杜威.我们怎样思维·经验与教育[M].姜文闵,译.北京:人民教育出版社,1991.

第六单元

语文课堂教学板书技能训练

 训练导言

　　板书是教师在教学过程中，为实现教学目标而有计划地书写在黑板上的文字、符号等，是用书面语言把教学内容概括化、图表化的过程。它作为辅助语言，与课堂教学口语结合，让学生既"耳听"又"目观"，增加信息接收通道，提高课堂效率。

　　在语文课堂中，板书是语文教师常用的重要教学手段之一。精心设计的语文板书，不仅能给学生以知识，引发学生思维，还能创设课堂艺术气氛，给学生美的享受。可这么说，科学合理、准确成熟的板书，是教学内容与教师教学思想的双重载体，是文章形式艺术与教师教学艺术的统一，是教师教学个性的体现。

　　语文课堂板书一般可分为主体板书（也称正板书）和辅助板书（也称副板书）。主体板书是指书写于黑板上的，能体现教师教学思路、概括教学内容的书面语言，是备课时就设计好的，一般书写在黑板的中间位置或左半部。辅助板书是教师教学中随机写在主板书以外黑板上的书面语言。"随机"不是教师的无意识活动，而是主板书的必要补充，是口语表达的辅助手段。它或引起学生注意，或对相关内容作必要解释。副板书的内容不必长时间保留。

　　板书的内容集课本编者的"编路"、文章作者的"文路"、教师教学的"教路"、学生学习的"学路"于一体，是课堂教学的"集成块"，在语文课堂教学过程中有着重要的作用。

　　从"教"的角度看：板书对于教师，能提示教学思路，概括、突出教学重点；设计合理的板书，能给学生以形象的直观，有效集中学生的注意力。

　　从"学"的角度看：板书能帮助学生有效抓住学习重点、要点，理清层次，强化知识,启发思维;清晰、概括的板书,有利于学生课堂笔记和课后复习;书写优美、形式多样的板书,还有利于学生美观整洁书写习惯、艺术审美习惯的养成。

一般地说,板书设计必须符合目的性、系统性、简洁性、示范性的要求,而语文板书设计还必须体现语文课程的特点。所以,语文板书设计有以下要求:

(1) 书写规范,有示范性。训练写字能力,养成良好书写习惯,是语文教学的内容之一,语文板书也应给学生以示范。语文板书时,文字书写要工整规范,遵循汉字书写规律;字体要整洁优美,大小适中,疏密得当,有一定美感。

(2) 语言准确,有科学性。语文的学习就是语言的学习,因此,板书语言也应成为学生学习语言的"样本"。语文板书时,语言要准确,反映学科的科学性;表达要流畅,符合汉语的表达习惯;选词力求简明精要,体现遣词造句的技巧。

(3) 层次分明,有条理性。语文课堂板书是"编路"、"文路"、"教路"、"学路"的合成体,板书内容的层次分明、条理清楚,即意味着各"路"层次分明、条理清楚。同时,板书内容层次分明、条理清楚,还能增强课堂教学言语的清晰度和逻辑性,使教学过程更具条理。

(4) 重点突出,有概括性。一篇课文从内容到形式,复杂多样,包罗万象,板书不可能将其全部纳入。因此,板书设计应进行内容的整合,突出重点,充分体现对繁多内容的高度概括,给人清晰、鲜明的印象。

(5) 合理布局,有艺术性。板书是教学艺术的一种表现,是教师独具匠心的艺术设计。板书设计要运用一定的美学方法,合理布局,使之从构图、字体、色彩等方面给人以美感。

(6) 形式多样,有趣味性。语文板书没有固定的形式,能服务于教学、给学生留下鲜明印象的板书,都是好的板书。所以,板书设计不能拘泥于固定的形式,应形式多样,用充满情趣的板书,给学生深刻的印象。

语文板书技能训练的目标,就是通过一个较完备的训练过程,使受训者掌握语文课堂板书的基本技能,具备一名合格语文教师的基本功。

进行板书技能训练的基本步骤如下:

1. 学习、研究相关知识

板书既是课堂教学手段,又是课堂教学艺术。要掌握它并使之具有艺术性,要通过全面系统的学习、研究,了解板书理论,明确板书意义、类型,把握板书设计的要求、方法,阅读板书范例,为设计训练奠定理论基础。

2. 设计、编写板书方案

(1) 研读课文,把握重点。只有全面研读课文,才能把握教学重、难点,最终设计出有的放矢、符合教学实际的板书。

（2）编写板书方案。编写板书方案是指把自己的板书设计思路,以书面的形式确定下来。这是板书技能训练的重要环节,是受训者板书设计水平的具体表现。

（3）审阅、修改板书方案。审阅是请教师了解受训者对板书技能的学习、掌握情况,并提出针对性修改建议,然后由设计者对方案作修改,整理后以书面形式确定下来,成为板书技能运用时的书面资料。

3. 板书技能的运用

板书是一种伴随着教学活动进行的综合能力,所以板书技能的运用应与其他技能的训练结合起来,在模拟课堂教学中训练综合能力,掌握课堂上"讲"（上课）与"写"（板书）相配合的具体方法。

4. 反馈评价与方案重修

经过以上各环节的训练,教师、学生均能多角度、多层次地进行分析、评价,受训者也能借微格录像,从旁观者的角度进行自我分析、检查,这样反馈之后,受训者再次重修方案,以获得更好的效果。

附：板书技能评价表

课题：　　　　　　　　　　　　受训者：
受训者所在班级：　　　　　　　指导老师：
请在听课后作评价,并在相对应的等级栏打钩。

评价内容	等级			
	差	一般	较好	好
1. 书写规范工整,有示范性				
2. 语言准确、简洁,体现语言艺术				
3. 形式灵活、新颖,有趣味性				
4. 内容有概括性,反映教学思路				
5. 目的明确,重、难点突出				
6. 与教学进程配合恰当				
其他意见:				

语文教学中,板书的类型是多种多样的,因划分标准的不同,其类型也不同。从所反映的教学内容来分,有综合式板书、分课时板书、重点段落板书等;从语言的运用来分,有提纲式、词语式、归纳式板书等;从表现形式来分,有文字式、图表式板书等;从结构方式来分,有总分式、对比式、并列式板书等。为了更具针对性地训练

板书技能,本节列举十种常见的语文板书类型(只限主体板书),配合相关的"案例分析",进行相关的"项目训练"。

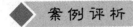

1. 提纲式板书

这是课堂中常用的一种板书形式,主要是按顺序概括课文内容要点,并借助标题式的语言,以提纲的形式写出来。这种板书具有整体性和概括性的特点,提纲挈领、言简意赅、脉络清楚,既反映文章整体结构,又概括主要学习内容,也有助学生形成写作文列提纲的习惯。

(1)《故都的秋》板书

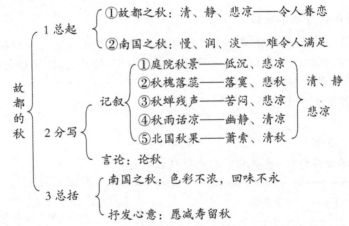

(点评:按课文的结构顺序,用简要的语言、提纲的形式,概括出文章各部分的内容,反映了其内部逻辑的结构关系,揭示景中之情,体现文章以景驭情、以景显情的抒情特点。)

(2)《卓越的科学家竺可桢》板书

<pre>
         卓越的科学家竺可桢

1.穿行北海公园(1~5)   磨破小口袋盖布(持之以恒)⎫
2.亲自到野外观察(6~7)   网球鞋和"四宝"(深入实际)⎪
3.进行古代气候考查(8~10) 大量翻阅资料(孜孜不倦)   ⎬ 卓越的科学家
4.对苏联气候的研究(11~12) 红笔写下标题(坚持真理)   ⎪
5.最后一次记录(13)   "局报"二字(以身殉职)   ⎭
</pre>

（点评：以段落为顺序，在概括段意的基础上反映细节描写的特点，歌颂人物"卓越"的精神。）

总结：提纲式板书的设计要符合两个要求：① 板书内容要体现教学性。即不是简单的结构层次和段落大意的概括，而是借助提纲的形式反映出课文的学习内容和学习重点，体现教学的目标。② 要点概括要准确、简练，不宜长篇大论，贪多求全。

2. 线索式板书

有些课文本身就有鲜明的线索，学生通过把握线索就能顺利地领会理解全文内容，这类课文可采用线索式板书。它依文章的线索设计，以文章的线索为板书的主体。有一些课文采用明、暗双线结构的方式，达到更深刻揭示主题的目的，设计时也可用线索式板书，帮助学生理解。

根据语文教材选文的不同线索结构类型，线索式板书可有情节发展式、人物活动式、情感变化式、时间推移式、地点转移式等多种形式。

（1）《鸿门宴》板书

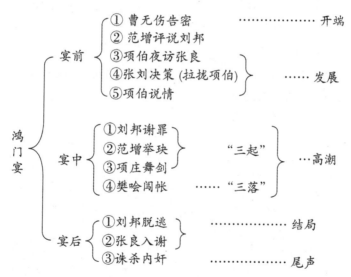

（点评：以故事发展顺序为线索，标明了故事的情节发展过程，体现写作上曲折起伏、悬念迭生的特点。）

(2)《故乡》板书

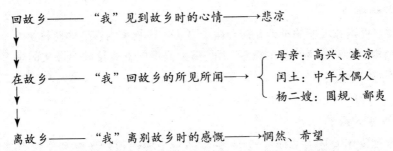

（点评：抓住"回故乡、在故乡、离故乡"这条主线，以人物的行踪展示文章的内容。）

(3)《雨中登泰山》板书

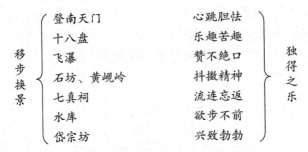

（点评：紧扣"雨"字，以游程为线索，描述泰山之美，反映移步换景的写作特点，揭示"雨中登泰山"的"独得之乐"。）

(4)《念奴娇·赤壁怀古》板书

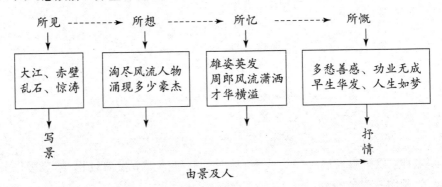

（点评：以诗人思想情感的发展变化为依据，突出了写景抒情、寄情于景的特点。）

(5)《琵琶行》板书

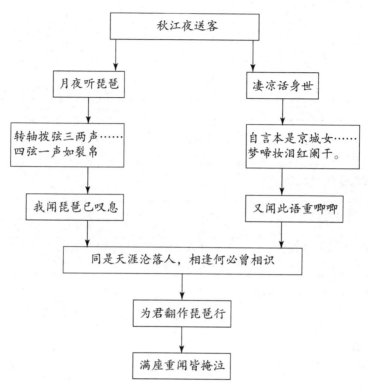

（点评：抓住双线结构这一特点，以歌女身世为明线，诗人感受为暗线，明、暗结合，最后两者交汇，表达出"同是天涯沦落人"的共同情感体验，使文章的情感思路得以显现。）

总评：设计线索式板书时应注意以下问题：(1)用以设计线索式板书的课文，必须是线索鲜明、脉络清楚的文章。(2)设计时要把文章的线索作为板书的主线，使之鲜明突出地展示出来，主线以外的内容则应少而精。

3. **图表式板书**

图表式板书是指通过表格或线条、关系框图等的形式来设计的板书。这类板书或借表格进行归纳、整理、对比，可以让学生以填空的方式完成；或借助线条、框图帮助分析、推理，结合教学进程完成板书内容。

(1)《看云识天气》板书

根据云的特征判断天气情况

云的种类	云的形状	云的厚度	天气情况
卷云	像羽毛、像绫纱	最薄	阳光透射地面,不会带来雨雪
卷积云	像鳞波	很薄	不会带来雨雪
积云	像棉花团	较薄	在天空映着温和的阳光
高积云	像羊群	较薄	云块间露出碧蓝的天幕

(点评:借助填空的方式,让学生在学习、分析过程中逐一填写,归纳整理出云的特点、与天气的关系,加深学生对课文内容的了解和印象。)

(2)《谈骨气》板书设计

中心论点	分论点	论据
我们中国人是有骨气的	1. 富贵不能淫	文天祥拒绝高官厚禄的劝诱
	2. 贫贱不能移	穷人宁可饿死不受嗟来之食
	3. 威武不能屈	闻一多横眉怒对国民党手枪

(点评:就中心论点"我们中国人是有骨气的"展开,揭示了论点与分论点、分论点与论据之间的逻辑关系,反映出论证结构与论证层次,使学生较好地把握议论文的特点。)

(3)《向沙漠进军》板书设计

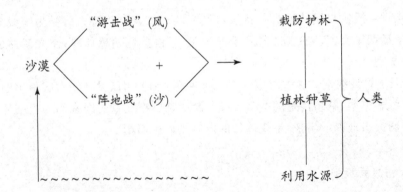

(点评:借助线条、符号,展示课文的重要内容,把沙漠向人类进攻的方式和武器,以及人类抵御沙漠的手段、利用水源向沙漠反攻等内容具体形象地呈现出来,显示出沙漠与人类间双向传递的"攻守关系"。)

总评：图表式板书的特点是清楚明白，使人一目了然，设计时应充分考虑这一点。以填空方式完成的，应注意建立知识间的联系，便于学生对知识进行归纳、整理、对比；借助线条、符号、框图的，应注意线条等的简洁、清晰，文字内容则应高度浓缩，以最少语言表达最丰富的内容。

4. 对比式板书

有一些课文在内容、写法上就运用了对比的方法突出重点、中心。这类课文可采用对比式板书，即借助一定的板书形式，将形成对比的双方排列出来，使对比更加生动，观点更加鲜明，主题更加突出。

（1）《卖炭翁》板书设计

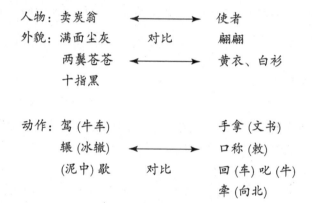

（点评：以不同人物作对比，表现了老百姓生活的凄苦和官府的骄横霸道，鲜明地反映出作者的情感。）

（2）《为学》板书设计

为学 ⎰ 贫僧：持一瓶一钵，至南海——为之，则难者亦易 ⎱ 事在人为
　　 ⎱ 富僧：欲买舟而下，犹未能——不为，则易者亦难 ⎰

（点评：将两件事作比较，强调其不同的结果，明确无误地表达了文章的观点。）

(3)《故乡》板书设计

闰土形象	服饰	外貌	印象
少年	小毡帽 银项圈	手捏钢叉 紫色的圆脸 红活圆实的手	小英雄
中年	破毡帽 极薄的棉衣	手拿烟管，像松树皮 脸色灰黄 眼睛红肿	木偶人

（点评：对同一个人物不同时期的情况进行比较，突出了人物前后的变化，深刻地揭示了文章的主题。）

总评：对比式板书主要是对具有可比性的双方进行对比，设计时应注意突出双方的差异度，使之形成鲜明的对照。差异度越大，对比就越强烈，重点也就越生动、突出、鲜明。

5. 词句式板书

语文教材中的不少篇目，语言优美，词汇丰富，是学生学习语言的极好材料。教学中，教师有意识地选取文中的这些语言（词语或短句），通过整合构成与课文内容相对应的板书，这就是词句式板书。

(1)《海滨仲夏夜》板书设计

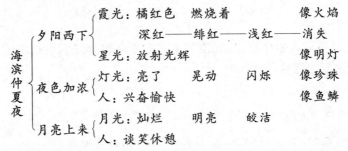

（点评：以时间的推移为线索，以文中的词、句构成板书的主体，展示了一幅"海滨仲夏"的美丽夜景图。）

(2)《听潮》板书设计

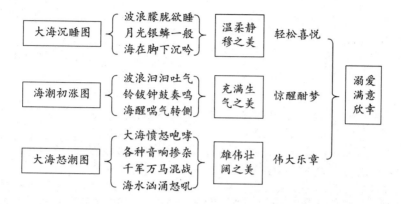

（点评：从"听"的角度，摘引了文中关键的词、句，勾画出三幅"大海神态图"，揭示了大海之美和作者的爱海之情。）

(3)《狼》板书设计

```
        屠                      两狼
① 遇狼： 晚归 ………    缀行    开端
  ↓
        ⎧ 投骨 ⎫
② 避狼 ⎨ 复投 ⎬ 惧……   贪婪    发展
        ⎩ 骨尽 ⎭
  ↓
        ⎧ 顾盼 ⎫
③ 杀狼 ⎨ 暴起 ⎬ 斗……   狡猾    高潮
        ⎩ 醒悟 ⎭                结局
```

（点评：在理清情节的同时，以文中的关键词语，揭示了屠户的心理变化过程和狼的特点。）

总评：词句式板书的主体是文中的词语、句子，设计时必须注意两个问题：第一，应选用语言优美、词汇丰富、对学生的语言学习有示范性的课文；第二，词语的选择应遵循精要性原则，选用能反映重点的词、句，并通过整合，使板书既为课堂教学服务，又使学生获得语言学习的资料。

6. 文体结构式板书

文体结构式板书，就是根据不同的文体设计板书，使板书能体现出不同文体的特点。

(1)《范进中举》板书设计

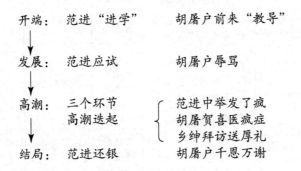

（点评：以情节发展过程为线索，以情节进程中人物的多种表现为内容，通过人物思想行为变化，揭示了文章深刻的主题。）

(2)《六国论》板书设计

[中心论点]——[分论点]——[论据]——[揭实质]——[明主旨]

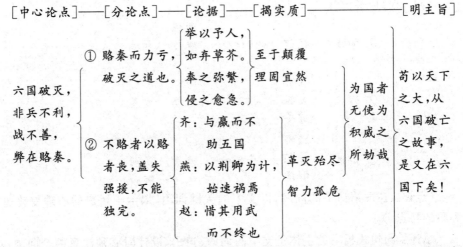

（点评：采用总—分—总的结构形式，通过层层分析，最后强调结论，表明文章主旨。）

(3)《死海不死》板书设计

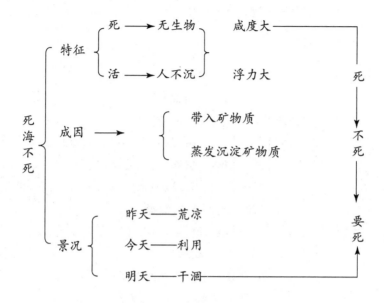

（点评：遵循文体固有的结构模式，侧重于体现说明的顺序，表明被说明对象的特征、成因，课文中的其他内容则不予安排。）

总评：文体结构式板书的设计，最重要的是突出不同文体的特点。设计时要注意：第一，以记人叙事、写景抒情为主的文章，如记叙文、散文、小说等，其板书设计应侧重体现文章的线索，事件、情节（情感）的发展过程，人物的性格变化等；第二，以议论为主的文章，应注重论证的逻辑推理过程，体现论证结构及论证方法；第三，以说明为主的文章，则必须注重说明的层次、说明的顺序，体现被说明事物的本质和特征。

7. 综合式板书

语文教学的特点之一就是内容极为丰富。形式、内容单一的板书难以体现这一特点。要准确、全面地反映课文内容，就需要综合性板书。所谓综合性板书，就是根据相关的教学目标、内容，将各教学要点全面而概括地展示于板书中，构成一个反映文章结构、内容、写作特点的全面性板书。综合式板书有利于学生全面、有重点地掌握全文内容，适合于各类课文，在语文教学中具有普遍性。

(1)《春》板书设计

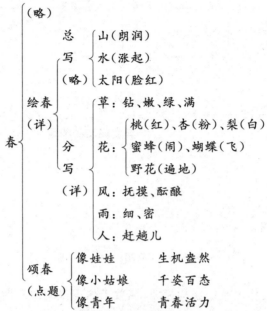

（点评：由"盼春"、"绘春"、"颂春"三部分，清楚反映出文章的结构、作者的思路；展开部分概括文章的全部内容；摘引的词、短语、词组，又点睛式地揭示文章的主旨；"详"、"略"等处的简要说明，交代出文章写法上的特点。内容全面综合。）

(2)《岳阳楼记》板书设计

```
背景和缘由    谪守——政通人和，百废具兴
（记叙）
                        ┌ 浩瀚——空间：衔、吞
            ┌ 楼之大观 ┤
胜状和异情   │         └ 壮丽——时间：朝、夕
（描写、抒情）│         ┌ 阴——悲：去国怀乡，忧谗畏讥
            └ 人之异情 ┤
                       └ 晴——喜：心旷神怡，宠辱偕忘
见解和抱负    不喜不悲    先忧后乐
（议论）
```

（点评：从三个词组"背景和缘由"、"胜状和异情"、"见解和抱负"引发开来，既体现文章结构，又概括各层次的内容要点，之后的分说通过概括和词语摘引，鲜明揭示全文基本内容和作者的思想情感。这样的板书使学生的印象清晰完整，有利

于课堂学习和课后复习。)

总评：综合式板书因其全面性、概括性的特点，设计时要注意以下要求：第一，一定要在全面了解、把握课文内容的基础上进行整理、概括，保证既有全面性又能突出教学重点；第二，语言的选择要准确、精要，做到要言不烦，以少胜多。

8. 人物分析式板书

人物分析式板书主要是依据课文中对人物形象的描写来设计板书，在课堂上结合分析内容将其展示于黑板上，加深学生对该内容的理解。这是语文课堂中的一种带有专题性质的板书，有突出、强调重点内容的作用。

《林黛玉进贾府》板书设计

A.

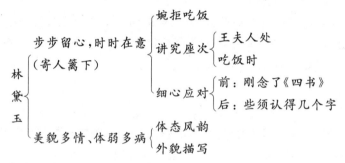

B.

```
         ┌ 写出场：不见其人，先闻其声    （放诞无礼，性格泼辣，地位特殊）
         │       ┌ 集珠宝于一身           （贪婪、俗气）
  王     │ 绘肖像┤ 三角眼、吊梢眉
  熙    ─┤       └ 粉面、丹唇             （美丽、刁钻、狡黠）
  凤     │       ┌ 先是恭维
         │ 见黛玉┤
         │       └ 继而拭泪
         └ 回王夫人（语言描写）           （机变逢迎、果断能干）
```

C.

贾宝玉
- 侧面勾勒
  - 王夫人：孽根祸胎　混世魔王
  - 黛玉母亲：顽劣异常，极恶读书，最喜在内帏厮混
- 肖像描写：眉清目秀　英俊多情
- 诗词　厌弃功名，追求自由
- 《西江月》：独立不羁，个性解放

先抑后扬　似贬实褒　正文反作

（点评：一抓住人物的特点，通过对人物活动过程各种表现的概括，使学生感知人物性格；二按文中该人物出场的顺序，摘引文中相关的词、句，全面展示了人物的面貌；三则根据人物描写的方法，从不同角度使人物形象得以展示。这样，在同一篇课文中，以不同的方式，不同的出发点，设计不同的人物分析板书，不仅能展现不同人物形象的特点，而且使板书的设计灵活多样。）

总评：写人的文章都力求塑造出性格典型的人物形象，人物分析式板书要注意突出人物性格。设计时应依据文章的具体内容确定板书的线索和形式，选择能反映人物性格的内容构成板书语言。

9. 重点段落板书

重点段落板书是相对于全面反映课文内容的整体板书而言的，也是带有专题性质的板书。它主要是以课文中的某一个重点段落为内容进行的板书设计。重点段落板书反映的只是该段落的要点，是教师在对该段落作详细讲解时设计的局部板书，以帮助学生更好地理解该段落的深刻内涵和精妙之处。

《从百草园到三味书屋》板书设计

春季百草园（乐园）
- 不必说
  - 静：菜畦、石井栏、皂荚树、桑葚
  - 动：鸣蝉、黄蜂、叫天子
- 单是墙边
  - 泥墙根
    - 有声：油蛉、蟋蟀
    - 无声：蜈蚣、斑蝥
  - 木莲
  - 何首乌
  - 覆盆子

（点评：《从百草园到三味书屋》的第二段是文中的重点段，对表现文章主题有明显作用，是课堂精读部分。教学过程中教师边引导学生研读分析，边作出如上板

书,能加深学生对课文的理解,增强学生的认读能力——主要是对生僻字词的记忆——同时,由于板书内容以文章的顺序排列,学生借助板书就能迅速记忆该内容,完成背诵本段的任务。)

总评:重点段落板书一般是相对独立的,并非每一课时必需的内容,灵活性较大。设计时要注意两个问题:第一,选择要慎重,重点段落板书要选择在文中有重要作用,在写作上又有精妙之处的段落;第二,重点段落板书没有固定的格式,设计时要灵活多样,更好地服务于教学。

10. 总结式板书

语文学习过程常常需要对学习内容进行概括归类、归纳小结。总结式板书(也称归纳式板书)就是采用适当的板书形式完成这一过程,帮助学生有条理地梳理、掌握知识,加深印象。

(1)《背影》板书设计

```
           思  路              感 情      结  构
      ┌第一次提及,扣题张目——怀念深情——凤头(略写)
      │                          ↓
 背影 ┤ 第二次描绘,突出中心 ┐
      │ 第三次寻找,紧承上文 ┘惜别至情——猪肚(详写)
      │                          ↓
      └第四次再现,篇末点题——思念浓情——豹尾(略写)
                                 ↓
                            情者文之经
```

(点评:以"背影"为中心线索,从文章的思路、感情、结构等方面精要地回顾总结全文,给学生一个完整的印象。)

(2)《香山红叶》板书设计

```
        ┌聚宝盆(山美)┐
  描述  │难老泉(水美)┘神话美┐祖国美
  对象  │红  叶(树美)┐现实美┘人民美  (点题)
        └老向导(人美)┘
```

(点评:以描述对象为内容加以概括,并层层归纳,最后得出主题,不仅总结全文,也巧妙实现德育目标。)

总评：总结式板书的目的在于帮助学生概括整理，加深印象，增强记忆，故一般是在教学的总结阶段出现；板书的内容应有高度的概括性，即是要以概要的方式，全面反映文章的要点、主旨。

语文教学中，一篇课文常需要多个课时才能完成教学，每课时一般都有相对独立的板书，这叫分课时板书。只要是符合设计的基本要求，能服务于教学的任何板书类型，都可成为分课时板书的类型。分课时板书设计训练时可参照以上各种类型的板书进行。

例如：《最后一课》的分课时板书

第一课时

情节：

小弗朗士 ｛ 上学路上　　最后一课
贪玩　　　热爱法语
不爱学习
经常迟到　　理解、敬爱老师
不懂事　　　热爱祖国
能管住自己

方法：行动、心理、细节描写

第二课时

情节：

韩麦尔先生 ｛ 最后一课　　　宣布下课
穿上礼服　　　脸色惨白
宣布最后一课　哽住
批评家长　　　"法兰西万岁"
检讨自己　　　做了一个手势

方法：外貌、语言、行动描写

训练项目

（1）下面是教学中的一些板书例子，请结合各板书类型的定义、设计要求对它们进行评价、分析，并写出评点意见。

1.《皇帝的新衣》板书设计

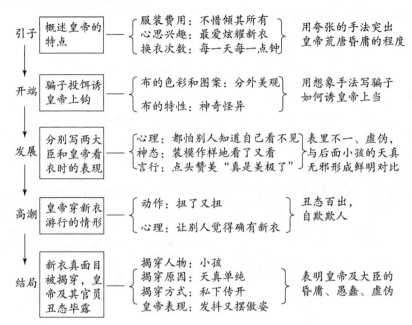

2.《竞选州长》板书设计

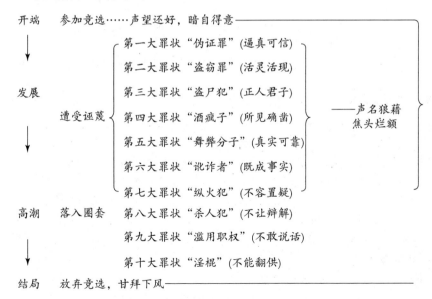

3.《故乡》板书设计

回故乡——"我"见到故乡

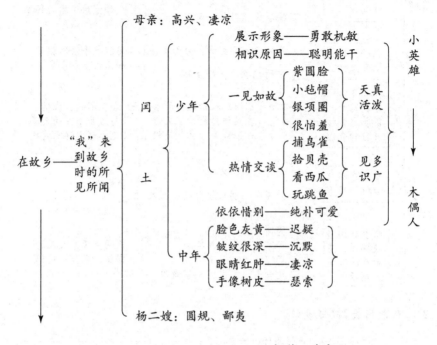

离故乡——"我"离别故乡时的无限感触 { 惘然、悲哀 / 朦胧——希望

4.《雷雨》板书设计

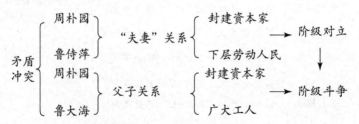

人物性格

周朴园：人性和阶级性的辩证统一

　　　　冷酷、虚伪、残忍、奸诈、道貌岸然

鲁侍萍：受侮辱、被迫害的旧中国劳动妇女
　　　　善良、正直、刚强、自尊

5.《失街亭》板书设计

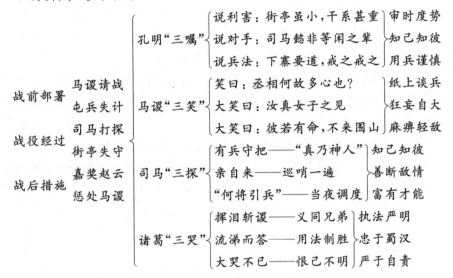

（2）请根据所提供文章或文章片断进行板书设计，并说明该板书的设计意图和设计特色。

① 为下列课文设计课堂教学板书，板书类型自定，但不能用同一种类型。

《济南的冬天》、《大自然的语言》、《背影》、《拿来主义》、《"布衣总统"孙中山》、《在马克思墓前的讲话》。

② 下面是《荷塘月色》中的一段描写，语言生动优美，富有表现力，是学习语言的好教材。请为这段课文设计一个词句式板书。

《荷塘月色》片段：

曲曲折折的荷塘上面，弥望的是田田的叶子。叶子出水很高，像亭亭的舞女的裙。层层的叶子中间，零星地点缀着些白花，有袅娜地开着的，有羞涩地打着朵儿的；正如一粒粒的明珠，又如碧天里的星星，又如刚出浴的美人。微风过处，送来缕缕清香，仿佛远处高楼上渺茫的歌声似的。这时候叶子与花也有一丝的颤动，像闪电般，霎时传过荷塘的那边去了。

叶子本是肩并肩密密地挨着，这便宛然有了一道凝碧的波痕。叶子底下是脉脉的流水,遮住了,不能见一些颜色;而叶子却更见风致了。

月光如流水一般,静静地泻在这一片叶子和花上。薄薄的青雾浮起在荷塘里。叶子和花仿佛在牛乳中洗过一样;又像笼着轻纱的梦。虽然是满月,天上却有一层淡淡的云,所以不能朗照;但我以为这恰是到了好处——酣眠固不可少,小睡也别有风味的。月光是隔了树照过来的,高处丛生的灌木,落下参差的斑驳的黑影,峭楞楞如鬼一般;弯弯的杨柳的稀疏的倩影,却又像是画在荷叶上。塘中的月色并不均匀;但光与影有着和谐的旋律,如梵婀玲上奏着的名曲。

(3) 语文教学中,同一篇课文可以有多个不同的板书设计,也可以由多个课时板书组成。请全面细心阅读下列各篇课文,再为每篇课文设计两个以上的不同板书方案。

课文:《童趣》、《陋室铭》、《张衡传》、《林教头风雪山神庙》

(4) 下列板书尚未设计完成,请把它补充完整,并分别说明如此补充的理由。

1.《项链》

背景:慕虚荣
|
开端:得请柬
|
发展:借项链
|
高潮:失项链
|
余波:赔项链
|
结局:还债务
|
尾声:明真相

2. 《石壕吏》

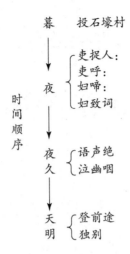

本章参考资料

[1] 韦志成.语文教学艺术论[M].南宁：广西教育出版社,1998.

[2] 刘春慧,刘自匪.板书技能 演示技能[M].北京：人民教育出版社,2001.

[3] 李颖.中学语文微格教学教程[M].北京：科学出版社,2003.

[4] 朱芒芒.新课程理念下的创新教学设计·初中语文[M].长春：东北师范大学出版社,2002.

第七单元

语文课堂教学评价技能训练

◆ 训练导言

语文教学评价是根据一定的语文教育目标,运用多种科学可行的方法或手段来系统地搜集、分析、整理信息资料,对语文教学活动中的对象、过程以及结果进行价值判断,从而为学生全面发展的教育决策服务的过程。语文教学评价是整个教育评价的一部分,又是整个语文教学过程的重要一环。

传统的语文教学评价主要侧重于定量评价,注重选拔和甄别功能。而《基础教育课程改革纲要(试行)》则明确指出,评价不仅要关注学生的成绩,而且要发现和发展学生多方面的潜能,了解学生发展中的需要,帮助学生认识自我,建立自信;发挥评价的教育功能,促进学生在原有水平上的发展。《语文课程标准》(义务教育七～九年级阶段)指出:"评价的目的不仅是为了考查学生达到学习目标的程度,还为了检验和改进学生的语文学习和老师的教学,改善课程设计,完善教学过程,从而有效地促进学生的发展。"因此,我们有必要对语文教学评价进行重新认识。

概括地说,新课程下的语文教学评价理念主要表现在以下几个方面。

1. 评价功能人本化

新课程教学坚持以学生发展为本的价值取向,必然要求教学评价指向每一位学生的全面发展和终身发展。以往的评价侧重于定量评价、知识评价和结果评价,而新课程则相信每一个学生都有发展的潜力,其目标是让每一个学生都能找到自己的亮点,充分发挥评价的激励功能,激励学生走向成功。新课程教学还承认学生发展的差异,注意促进每一个学生的进步,防止公布分数、排名次等方法的负效应,不能因为评价而伤害学生的自尊心;在评价中要呵护每一个学生的自尊心,激发每一个学生的上进心。

2. 评价形式多样化

语文新课程教学的评价,提倡评价形式多样化,应尽可能将诊断性评价、形成性评价和总结性评价结合起来,将量化评价与定性评价结合起来。评价中应注意各种评价之间的优势互补,特别应加强形成性评价,采用成长记录的方式,搜集能够反映学生语文学习过程和结果的资料。例如,关于学生平时表现和兴趣潜能的记录,学生的自我反思和小结,学生写得最好的习作、周记,老师和同学的评价,来自家长的信息等等。

3. 评价主体多元化

教学活动是教师与学生在特定环境中以教材为中介而进行的活动。教师与学生都是课程与教学的主体。因此,《语文课程标准》提出,在教学评价的主体上,要改变以前只有教师才是评价主体的做法,注意将教师的评价、学生的自我评价、学生之间的相互评价以及家长的评价结合起来,特别要加强学生的自我评价和相互评价,真正确立学生评价的主体地位。

根据新课程下的语文教学评价理念,语文教学中常用的评价技能也呈现出多元的特征。

(一) 书面测试

书面测试即我们常说的书面考试、笔试,是实践中常用的语文教学评价方法。根据测试范围它可分为课堂测试、单元测试、期中测试、期末测试等。试卷的编制应避免出现以知识记忆为主以及脱离实际的情况,应注意试题类型的多样化,还应注意试题的编排顺序,充分考虑学生的个性、应试心理,尽可能消除其紧张、焦虑等不良情绪。

对测试结果的解释主要包括:① 从整体上分析所有学生对测试目标的达成情况;② 分析不同类型学生之间的差异;③ 分析相同测试对象在不同测试中目标达成情况的差异;④ 说明测试目标达成情况,分析某一个体在所处集体中的位置;⑤ 分析某一个体或学生总体,在不同知识内容上目标达成情况的差异。

新课程中的考试评价,已改变了以往唯一的闭卷考试的形式,出现了许多新颖的考试评价方式,如口头型考试评价、开放型考试评价、操作型考试评价、合作型考试评价等。

（二）观察记录

观察记录是评价者将学生在日常语文学习过程中的行为表现，通过观察记录下来，然后与事先制定的评价标准相对照，以得出语文学习评价结论的方法。常用的观察法有自然观察、抽样观察、追踪观察等。与考试相比，观察法的运用比较方便易行，能直接获得第一手资料。在自然状态下进行的观察，保证了信息的真实性，尤其适宜于对学生的学习态度、兴趣方法、习惯、情感、价值观、创造性等方面的评价。

（三）访谈记录

访谈就是访问、谈话的意思。这是一种通过评价者与学生面对面的交流来获得信息，以评价学生语文学习现实状况的方法。访谈法可以使评价者更为直接地接近学生，并且在谈话过程中评价者还可以根据评价的需要控制谈话场面，在较短时间内获取大量比较真实详细的评价信息。访谈法有两种类型：一是与学生的日常交流，二是有明确目的的谈话。前者是指通过课堂和日常交往中与学生的交流，获得对学生语文学习态度、兴趣、习惯等个性特征的评价。但这种评价要求教师有较高的评价能力，因为获取的信息比较零散。后者要求评价者事先做好谈话准备，包括选定谈话对象，提前与谈话对象做好联系，制定访谈提纲，确定访谈目的、时间、地点、方式等，它容易使谈话对象产生很不安的情绪，所以这就需要评价者有较高的谈话技艺，不仅要能建立融洽和谐的谈话氛围，让谈话对象主动积极地说出自己的意见、看法、观点、思想、态度，而且能依据谈话对象的表情、神态等非言语行为巧妙地变换提问的方式，以准确地判断其回答的真实性、有效性和可靠性。

（四）问卷调查

问卷调查是由专家或语文教师依据调查目的设计调查问卷，通过调查对象对问卷的回答获取评价信息的一种评价方法。这种方法可以在同一时间内对多人进行调查，能够快速、方便地获取多个评价对象的信息。在编制问卷时，编制者对调查对象和调查目标必须有正确的估计和认识，问卷的题目要符合调查对象实际，调查目标应该明确，否则，问卷确定后就很难进行修改，所获信息会有较大的误差。

问卷调查在评价学生学习情感发展方面比较有效，这种方法关键是问卷的编制。问卷的题型多样，究竟选择哪一种要根据具体情况而定。比较常用的有三种类型，一是"不定案型"。这种类型的题目不具体列出答案，由调查对象根据自己的情况来填写。二是"定案型"。这种类型的题目是对每一个问题都列出若干个备选答案，调查对象可在其中选出自认为合适的答案，这又分定项和不定项两种。三是

"半定案型"。对一个问题列出多个备选答案,调查对象根据自己的情况选择现有答案,如没有符合的可以自己填写。

(五)作业分析

这里所说的作业主要是指学生的日常作业,可分为两种类型,一类是每节课教师布置的随堂作业或家庭作业。比如,可以通过检查学生的语文笔记情况来推断学生的语文学习兴趣、学习态度、学习方法,也可以从作业完成情况、字体是否工整、是否有抄袭他人作业或请人代做作业的情况等方面来推断学生的学习态度和学习兴趣,以便及早发现学生在学习中遇到的困难和问题,提出有针对性的解决问题的方法。另一类是专题作业。从学生完成的专题作业的质量状况,可以判断其语文基础知识和基本技能的掌握情况,以及学生对感知、理解、借鉴、欣赏、运用等的掌握情况。同时,还可通过对学生收集整理资料、分析资料、运用资料的动手能力的考查来了解学生的学习情况。

(六)档案袋评价

档案袋评价旨在通过收集、记录与展示学生的成长进步,激发学生的学习激情,更好地发挥评价促进学生发展的功能。具体应用到学生的语文评价上,档案袋要汇集学生学习作品的样本,展示学生学习和进步的状况。语文学习档案袋所应汇聚的内容,可以分为以下三个方面:一是记录各种表现的资料,二是来自外界的评价,三是自我计划和反思。

语文学习档案袋的建立不仅可以为准确评价学生语文学习提供依据,其价值还在于能促进学生不断审视自我学习状况,努力创造各种作品充实档案袋,扩大语文学习的成效,同时还可为教师的教学服务,使教师从各个学生的档案袋中获得各种反馈信息。但在具体的操作过程当中,一定不要把档案袋当做是学生语文学习的"成绩袋"、"获得的荣誉袋"。

"语文学习档案袋"的建立,并无强求的模式,可根据地区、学校、教师、学生的不同教育情形、教学水准、职业情态、学力水平,作相宜的适应于操作的、不显性增加师生负担和焦虑的设计和尝试。

(七)表现性测试

表现性测试是一种让学生通过实际任务要求作出个体的行为反应(包括内部思维的、外化语言的、技能动作的、成果创建的)的测试,教师则需观察和评价这一反应过程和其反应成果,对学生的行为结果作出定性和定量的描述、判断。表现性测试与其他传统测试(纸笔性质的成就测试:主观题、客观题/标准化测试等)的主要区别在于：重在检测学生在真实世界（可以是模拟的）中的心智技能，淡化回馈书本知识的低水平鉴定；重在评价学生在问题情境中的表达能力、创新能力、实践能力等综合素质，弱化对机械、孤立的教学内容及单一技能的考察；重在关注学习问题处置和解决的过程中的心智成长，而非只重结果的是非、优劣；重在引导学生表达在学习中自我对问题的理解、表现自我解决问题的能力、个性，而非一律强求"对号入座"式的"试题本位"学习。

新课程下语文教学评价技能的运用有一定的要求，具体表现在以下几个方面。

（一）形成性评价和终结性评价相结合

形成性教学评价主要指在教学前或教学过程中对学生学业状况等进行的评价，其目的在于了解学生已有的知识水平或学生在教学中取得的进步及存在的问题，及时调整教学，促进学生发展。终结性评价指在学期末或某一阶段学习结束时对学生进行的全面评价，包括学业、学习态度、学习方法、探究与实践能力、合作与交流能力等方面的评价。

关注结果的终结性评价，是面向"过去"的评价；关注过程的形成性评价，则是面向"未来"、重在发展的评价。终结性评价把学生获得答案的思考与推理、假设的形成以及应用等都排斥在外，缺少对思维过程的评价，导致学生只重结论，忽视过程。终结性评价不能促使学生注重科学探究的过程，养成科学探究的习惯；不利于学生良好思维品质的形成，限制解决问题的灵活性和创造性。而形成性评价则深入学生发展的进程，及时了解学生在发展中遇到的问题、所做出的努力以及获得的进步，对学生的持续发展和提高进行有效的指导，真正发挥评价的促进发展的功能。只有在关注过程中，才能帮助学生形成积极的学习态度、科学的探究精神；才能注重学生在学习过程中的情感体验、价值观的形成，实现知识与技能、过程与方法、情感态度与价值观的全面发展。为此，倡导形成性评价与终结性评价相互结合，为促进学生更好的发展服务。

（二）定性评价与定量评价相结合

我国教学评价的主要形式是标准化考试，这种唯量化评价方法构成了教学评价上的"技术学模式"。社会学理论认为，评价唯量化是科技意识形态在教育界的反映。当代社会科技的巨大成就使人陶醉于理性的优越感中，人们试图把社会中的一切有序的和无序的、清晰的和模糊的、可测的和非可测的……都纳入理性的框架中加以整合。评价的唯量化既是科技理性的胜利，同时也是教学评价自身走向贫困的起点。所以，造成教师为考而教，学生为考而学，对学生其他方面发展的评价，即使有，其评语也是笼统的，千篇一律，脱离实际。

我们不否认量化评价方法的作用,它科学、客观,并在一定程度上促进了我国现代教学评价体系的建立。但它不能测量许多难以量化的丰富内容,如鉴赏力、创造力等,这也是不争的事实。质性评价方法较好地弥补了量化评价方法的不足,是对量化评价方法的一种反思和革新。从根本上讲,质性评价方法是为了更逼真地反映教育现实。量化评价方法与质性评价方法并不对立,在同一评价过程中,可以将这两类方法结合起来运用。在当代国际课程与教学评价的发展中,问卷调查、观察、访谈、对话、实地笔记等质性评价的方法与测量、考试统计分析等量化评价方法已更多地被结合起来使用。

(三)自我评价与他人评价相结合

新课程倡导自评与他评相结合,被评价者从接受评价逐步转向到主动参与评价,一改以管理者为主的单一评价主体的现象,教育评价由教师、学生、家长、管理者甚至专业研究人员共同参与,体现教育过程的民主化、人性化。评价过程中重视评价者与被评价者之间的互动,在平等、民主的互动中关注被评价者发展的需要,共同承担促进其发展的职责。被评价者的主动参与,有助于评价者和被评价者形成友好、民主的评价关系,有助于评价者在评价进程中有效地对被评价者的发展过程进行监控和指导,帮助被评价者接纳和认同评价结果,促进其不断改进和发展。

案例评析

下面结合具体的评价材料,进行语文教学评价技能的案例训练。

1. 评价试题

按要求答题。

已知:① 备考前夕:某学校初三(2)班晚10:30下晚自习;② 班主任有令:每晚下自习后须自学一小时。

求:考入重点高中;

解:眼皮十分沉重;

答:九年寒窗,苦海无边。

这是一道特殊的数学题,你从中获取了哪些信息(至少写出两条)?另外,请你给学校提一条合理化建议。

信息:①

②

建议：_____

（点评：这道题要求获取信息和提出建议，实际上考查了筛选信息、分析信息、理解信息和处理信息的能力。要提出合理的建议，必须对材料提供的信息，尤其是隐含的信息，进行准确地把握。可见，这类试题的价值比较大。）

2. 开放性语文试题

如果让你以"童年"为主题独立编辑一份小报，请你为这份小报起个富有文采的报名及4~6个栏目名，并画出你的设计版面。

（点评：这是一道开放性很强的语文试题，绝没有任何"标准"样式。完成这道试题，学生需调动自己的语言词汇的积累、品味揣摩文字的能力以及审美情趣。这种开放性试题可以促使学生尽情地展现自己的学习成果和才华，受到学生的极大欢迎。例如，有学生以"金色花苑"作为报名，既有文学色彩，又点明了"金色"年代；栏目名有"金色花絮""往事如烟""临街风铃""巴山夜雨"……不仅透露学生留恋童年往事的情感，而且体现出浓烈的文学意味。版面设计大部分以对称形式呈现，符合中国传统的艺术审美特色，也有在美术课上学到的"非对称性"结构，体现了一种现代美学的风格，充分展现了学生带有"个性"的巧妙构思。）

3. 检核表评价

下面是某一周对小王语文课堂表现的观察记录。

小王课堂表现记录表

日期：2005年4月15日—4月19日

	星期一		星期二		星期三		星期四		星期五	
	得分	扣分	得分	扣分	得分	扣分	得分	扣分	得分	扣分
1. 做好上课的准备	2		2		2		2		2	
2. 认真做笔记		2		2	2		2		2	
3. 不和其他同学讲话		2	2			2		2	2	
4. 不插话	2			2	2		2		2	
5. 不讲脏话	2		2		2		2			2
6. 不趴在桌上	2		2		2		2		2	
7. 不东张西望	2		2			2	2			2
8. 不打瞌睡	2		2		2		2		2	
9. 不与老师顶嘴			2	2			2		2	
10. 认真完成课堂作业		2		2	2		2		2	
得分	4		8		8		12		12	
本周日平均分：8.8			本周得分：44分				打分（签名）：			

通过对小王的连续观察发现,小王的课堂行为周得分和日平均分逐渐提高,治疗起了效果。再经过一段时间的巩固,小王改掉了不良行为。

(点评:这是一个典型的检核表,它把要观察的行为一一列出,对照学生的行为一一打分,如果学生达到了行为要求就加分,反之则减分。每天把观察结果即学生的得分写在检核表上,最后汇总学生一周的总得分情况就可以看出学生这一周的基本行为表现情况。)

4. 课外阅读调查卡(一)

姓　名:_____　　　　班级:_____
阅读时间:_____　　　记录时间:_____
1. 读物名称:_____　　长度:_____(字)
作　者:_____　读物出处:_____　　是否向大家推荐:□是 □否
2. 读物的类别: □期刊文本　□哲学、思想著作　□历史、地理读本　□小说　□散文　□动漫 □自然科学读本　□学习辅助材料　□其他,请写明:_____
3. 该读物的主要内容是:
4. 阅读完该读物,我最深的感受/体会是:
5. 在阅读过程中,我的发现:
6. 试评论一下读物的写作特点/风格:
7. 该读物本身的价值:
8. 该读物对于语文学习的意义:

(点评:这是一个典型的关于课外读物的调查问卷,其形式为表格式。调查内容设计较为全面,涉及读物的种类、内容、风格、价值等。对学生的课外阅读现状及

阅读效果较能做到全面透彻的了解。）

5. 课外阅读调查卡（二）

（1）你除了课本以外，是否读过其他的书？如果读过，请写出书名，如果你知道书的作者是谁，也请写出作者的姓名。

（2）你除了教科书以外，手中还有些什么书？请写出书名。

（点评：这是一个典型的调查问卷中的问题，其形式是自由表述，即被调查者知道什么就写什么，不必拘泥于格式。这种形式的调查问卷往往让被调查者感到亲切自然，能获得很多被调查者的信息。但是，获得的信息往往又是杂乱无章的，需要经过再处理。）

6. 教师对学生作品的分析评价过程

一位教师上完情感教学课《我要读懂你，凡·高》后，通过分析学生对凡·高艺术风格的理解，以再现（如诗、散文、画等）的方式了解学生审美能力的内化情况。

一位学生在他的作品中写到：

我看到/一片又一片天空/在我头上/不停地/旋转 旋转/忽然之间/世界在我眼中/颠倒过来/遥远的声音从远古走来/如果人们能真诚相爱/生命将是永恒的/……

我听见/一棵又一棵向日葵/在我耳边/快乐地/微笑 微笑/恍惚中/你抱歉地说/对不起/我原谅你/也请你原谅我

上帝疼爱这棵向日葵/他决不会让我/彻底地痛苦/……

通过作品分析，这位教师发现："很多学生在这堂课中所得到的东西比我想象的要多。他们不但完成了'感知作品形式''理解作品主题'的学习目标，而且还将艺术家的艺术风格、审美态度内化为自身素质。并且他们写下了这样一个句子：'对不起，我原谅你，也请你原谅我。'从句子中可以读出学生宽容的胸怀，这正是令教师期望的教学效果。"

（点评：作品分析是一件不容易的事。作品就是作者的心灵的反映，如何把握作品中折射出的心灵之光，需要技术，更需要灵感和经验。以上的作品分析是一种比较简单的形式。这些作品是学生模仿凡·高风格而作的，虽加入了自己的理解，但作为分析者的教师却可以从中发现更多的东西。）

7. 语文学习个体发展跟踪卡

班级_____ 姓名_____ 学号_____ 评价人_____

		学习状态	现代文阅读能力	文言文阅读能力	写作能力	听说能力	教师意见	考核成绩	发展状况
现状分析									
阶段性跟踪	月考								
	期中								
	月考								
	期末								
综合评价									
家长意见									

注:"学习状态"包括:兴趣、思维、方法、特长、潜能等。各种能力的检查、描述参照当时教学进度和教学目标要求。

(点评:这是一份典型的语文学习记录袋,属档案袋评价。依据表中所列各项,可对学生语文学习的情况作详细的跟踪记录,能真实地反映学生语文学习的全部过程。)

8. 写作成长记录袋评价表

年级: 班别: 姓名: 学号:

| 项目 | 评价内容 | 评价等级 | | | | 自我评价及反思 |
		评价者	优	良	合格	待合格	
总评	"写作成长记录袋"总评	本人					
		同学					
		老师					
		家长					

续表

项目	评价内容	评价等级					自我评价及反思
		评价者	优	良	合格	待合格	
每周一文	1. 2. 3. ……	本人					
		同学					
		老师					
		家长					
堂上作文	1.《 》 2.《 》	本人					
		同学					
		老师					
		家长					
口头作文	课前三分钟演讲稿 （每学期一次）	本人					
		同学					
		老师					
		家长					
小论文		本人					
		同学					
		老师					
		家长					
写作素材	摘抄、剪报集	本人					
		同学					
		老师					
		家长					
自编杂文	作文精选集	本人					
		同学					
		老师					
		家长					
评语	同学寄语						
	教师寄语						
	家长寄语						

（点评：引导学生制定个人写作记录袋的目标。通过制定目标，让学生有了前进的方向，有了拼搏进取的愿望。在实现目标的过程中，教师、家长、同学督促学生朝着目标奋斗，学生自己对照目标不断反省，修正自己的言行，有利于促进学生积极主动的发展。）

9. 口语交际能力表现性测试(一)

任务样例

描述任务：想想你最喜欢的课内或课外活动是什么，向我描述一下，让我了解一下。（或某一学科、某一社团或某一项运动项目怎么样。）

突发事件任务：假设你独自在家，忽然闻到一股烟味，你打电话给消防队，而接电话的正好是我。现在假装你正在和我通话，你要告诉我我帮助你所需要的各种有关信息。

顺序任务：想一想你会烹调什么？告诉我，一步一步地，怎样完成这一个烹调的过程。（比如爆米花或煎鸡蛋。）

说服任务：想想你希望在学校看到的某一转变，比如说校规的变化。假如我是学校的校长，试着说服我相信学校应该有这种变化。

说明：

无论是校园内还是校园外，学生在日常生活中都要完成许多类型的讲话任务。本表现性测验关注的几种类型的任务分别是描述物体、事件和经历，按顺序说明某个操作步骤，在突发事件中提供信息和说服某个人。

要完成一个讲话任务，讲话人必须向听话人简短陈述某些信息。这一过程包括决定要说什么，将信息组织起来，根据听话人和场合的情况改编信息，选择传递信息所用的语言，最后正式表达。讲话的效果可以根据讲话人符合任务要求的程度来予以评估。

（点评：口语交际的测验所要测量的应该是学生运用语言与人进行交往以及完成各项任务的能力。这种能力的测量显然是无法通过简单的纸笔测验来完成的，需要通过学生的实践和活动才能表现出来，为此，活动表现式评价法是非常适合这一评价任务的方法。在以上的评价测验中，总共设计了描述任务、突发事件任务、顺序任务、说服任务四个项目，分别测试学生运用语言进行描述物体、事件、操作顺序、在突发事件中提供信息以及说服他人的能力，基本上比较全面地测试了学生的口语交际能力。而且从整个测试中我们可以发现，评价者注重创设各种生动的情境，注重联系学生熟悉的生活情境让学生进行叙述，让学生在情境中展现自己所知道的知识和自己所能完成的任务。这样的评价对于学生来说，不仅仅是一次测验，也是提高自己口语交际能力的一个学习过程。）

10. 口语交际能力表现性测试(二)

试题设计	试题点评
1. 提供一个模拟口语交际情境,要求学生写一篇短文,说明一件事情(如怎样寄包裹)或说服某个人(如选修某门课)	尚可。但任务的实际操作行为仍落脚于"书面",故被测者表现不出真实情境中的能力
2. 提供一个模拟情境,必要时请教师和学生配合,让学生完成一个模拟口语交际任务(如打119报火警)	可。但因情境的虚拟性和任务的简易性,被测者的真实的、灵活的、综合的能力未必能充分表现
3. 要求学生完成一个比较真实的口语交际任务,如与同学讨论某一主题或向不知情人陈述某个事件	是较典型的表现性测试。任务具有确定的真实性和一定的复杂性。可使学生充分表现其习得的知识和具备的技能
4. 让学生简短地回答几个关于口语交际要求与技巧的问题	不符合表现性测试的要求。只检测书本化知识的记忆
5. 让学生完成一系列选择题,让学生选择在某一特定的口语交际情境下如何表现或如何说话	同上
6. 让学生完成一些判断题,题目的内容主要是关于倾听、表达与交流的基本要求	同上

(点评:从以上题例及分析来看,表现性测试意味着教师须得改变教学的视点,从让学生明白"应该做什么"转到让学生明白"应该怎么做"→明白"哪些对于我是有用的"→明白"我能做到怎样"→明白"知识原是这样的"。这一系列转变又意味着教师将需更多的"体验性教学"技能和经验("体验性教学"是一种换位思考、体会学生学习经历、以学习者经验构建教学的教学方式),意味着教学应与学生的生活经验、文化背景更紧密地联系。它们将会促使教师教学活动的重心发生积极的转移。)

训练项目

(1)请任选一种高中教材某一单元的内容拟一份测试题,并对所拟的题目给予说明。

(2)持续观察语文科代表和一位语文学习有较大困难的学生一个星期,记录他们在语文学习各个方面的不同表现,并作出结论。

(3)甲同学一向是一个"问题学生",为促进他的根本好转,请你在作充分的准备后,进行一次深入的家访,并做好记录。

(4)就"怎样的语文老师才深受学生欢迎"的主题,设计一份调查问卷。

(5)就"认识自我"的话题,组织一次写作活动,然后从学生的作文来分析学生的写作水平和个性特点。

(6)每学完一个单元,教师可及时指导学生对学习的兴趣、态度和方法等方面进行各种评价。请设计一份阶段性的教学评价记录表。

(7)设计一组题目,试对学生的阅读能力进行表现性测试。

第八单元
语文课堂教学体态语技能训练

训练导言

体态语,又称体势语或称身体语言、肢体语言,西方习惯称人体示意语言。它是一种无声(声音表达)无文(文字呈现),借助人的姿势、动作、表情等去传递信息和表情达意的另类语言形态。将体态语运用于一般场合,具有交流思想、传达感情、暗示心理、指摹形态、渲染气氛等多种功能;将体态语运用于课堂教学,可以产生直观、形象、生动、引人深思的良好作用,产生吸引学生注意力、刺激学习兴趣、演示教学内容、营造课堂气氛、突出教学重点、提高教学效率等多种效应。

美国心理学家艾帕尔·梅拉列斯曾经总结过人类接受信息的效果公式:信息的总效果=7%文字+38%音调+55%面部表情。语文是信息学科,又是情感最丰富的人文学科,为了更有效地促进学生获取信息、进行心智交流、塑造健全的人格,在语文课堂教学中合适地使用体态语,有其不可低估的作用。

(一) 体态语的作用

1. 有利于促进语文新课改的深入发展

语文新课改倡导对话教学,倡导"自主合作探究"的学习方式。老师在教学中,恰到好处地使用激励的表情、暗示的眼神、适当的走动、夸张的动作、优雅的姿势,有利于形成和谐融洽的师生、生生关系,为学生的语文学习创设良好的人际环境、合作气氛,使之能大胆积极、情绪饱满、心情舒畅地参与语文课堂学习活动,能充分调动他们学习的积极性、主动性和创造性,更好地进行合作学习、探究学习,更有效地刺激他们进行师生、生生、生本之间的对话热情。

2. 有利于培养学生健康的心理

老师良好的情感态度、宽容的心态、充满爱意的眼神、潇洒的手势、优美的姿势、优雅得体的装扮,对学生有着强烈的潜移默化的示范教育作用,也有利于师生、生生、生本之间的心灵沟通,使学生各种不健康的心理得到及时的疏通,舒缓由社会、家庭或学校带来的心理压力,减轻学生由于紧张造成的心理负担,从而为培养学生积极向上的人生态度和健康健全的人格打下良好的基础。

3. 有利于强化思维,提高语文学习效率

教师的体态语具有模拟性和象征性,它能刺激学生的神经中枢,引起对语文学习的丰富联想和想象,尤其是一些难以用口头语或书面语表达清楚的动作、情感、心理活动,通过教师直观生动、形象幽默、意味深长的体态语,能收到很好的"此时无声胜有声"、"引人无限遐思"的意想不到的效果,有力地刺激学生的视听功能,强化学生的思维,增大学生对信息的接收量。同时,按教学最优化管理,把有声语言(口头语)和有形语言(体态语)整合起来,能给学生以美的享受,更好地激励学生进行知识建构。

(二) 体态语的类型、特征及基本要求

体态语主要有以下几种类型:面部表情(主要是眼神);手势;走动;姿势;穿着打扮、外表形象。这五种类型,又可分为静体态(服饰、装扮、外形等)和动体态(表情、动作、姿势等)两种。这些体态语类型,在日常语文教学中往往是综合呈现的。

显然,人与人的交流,除了有声语言(口头语)和有文语言(书面语)外,每时每刻都少不了必要的体态语。运用体态语传递信息、表情达意时,不能忽略体态语的使用特征:一是"辅助性"特征,体态语常常要配合有声语言才能收到"如闻其声、如见其人、如临其境"的生动形象效果,因此它是有声语言的辅助;二是"自如性"特征,体态语是除有声有文语言之外的第三种形态语言,它的使用往往是下意识的、随机应变、不可预测的,只有恰到好处地挥洒自如,才能收到妙不可言的效果;如果刻意为之,则有作秀之嫌,物极必反。

同样,老师站在学生面前,与学生之间的情感交流是面对面的,体态语若使用得体,可以锦上添花;若运用不当,则不伦不类,其反作用的破坏力是不容低估的。因此,在语文课堂上如何运用体态语便有所讲究,运用体态的基本要求不可不知。

(1) 要树立正确的师生观。体态语在教学中的使用,不仅是指教师的情状和

态度如何,更重要的还是指教师用什么师生观驾驭自己的情状和态度。教师只有具备民主平等的师生观,才能做到热爱学生、尊重学生,才能建立起民主平等和谐的师生关系。

（2）要明确虽然体态语的变化无穷,有较大的自如性,但"约定俗成"还是其主要的使用原则。因此,使用体态语要含义明确、表意精当,不能为追求"自如"而影响学生的理解或造成学生误解。

（3）繁简要适度。在教师的整个语言体系中,体态语毕竟是辅助语,只有与有声语言配合,才能相得益彰。此外,使用体态语要考虑"学生的可接受性",不能使用过频,手舞足蹈,令学生反感;也不能用同一体态语在同一时段内反复出现,造成学生视觉疲劳;更不能为追求热闹而扭扭捏捏、丑态百出,影响教学效果。同时还要注意,教师不是"演员",不要动辄在讲台上乱表演,以免影响教师的形象。

（4）体态语具有强化情意、渲染气氛的作用,但要"天然去雕饰",只有"留真意、去粉饰、勿做作、少卖弄",行云流水、了无痕迹,才能自然天成、朴素大方,收到锦上添花的效果。如果刻意追求、人为雕琢、无限夸张,则会像小丑般表演,弄巧成拙。

（5）表情得体、动作潇洒、姿势优美,可以突显教师美好的外表形象,又能给学生美好的视觉享受,让学生通过欣赏教师这直观生动形象的体态语,沉浸在愉快的学习氛围中,加强对语文的理解。

（6）走动是教师传递教学信息的一种重要辅助方式,课堂教学中适当走动或更换位置,不但使课堂有生气、拉近师生距离、引起学生注意、营造良好的学习气氛,还能有效减轻教师的疲劳。但走动首先要有控制(控制走动次数、控制走动速度,走动姿势要自然大方),千万不能分散学生注意力。其次,走动或停留的位置要方便教学。再次,走动的时间要符合学生的心理(如学生做练习或者考试时不喜欢教师走来走去,更不喜欢停留在他们的身边)。此外,还应处理好局部与整体的关系(不要总面对某一方或老停在某一位置上)。

（三）体态语的基本技巧

了解了语文课堂上运用体态语的基本要求,在具体实行时,还需要掌握相关的体态语运用技巧。因为教师与学生是交互主体性的伙伴关系,因此,教师对待学生要如朋友、伙伴、亲人。亲切的微笑、和蔼的目光、热情的动作,可迅速拉近师生间的距离,解除学生的疑虑,增加信任的感觉。如果教师不苟言笑或凶神恶煞,哪怕学识再渊博,学生也会觉得此人难以接近而关闭交往的心灵大门,不讲真话、吐实情,而影响到交往的质量。

1. 巧用表情,与学生交流

人的面部是体态语的密集区。面部的表情最为丰富,据研究有 2,500 种之多。教师面部表情的每一个细微变化都能被学生捕捉到,表情传递的复杂信息对学生的心理和行为都会产生重要的影响,因此,教师必须学会正确运用表情。

(1) 正确运用眼神

"眼睛是心灵的窗户",眼睛能传神正意,而且能传微妙之神与复杂之意。不同的眼神具有不同的作用,它可以用来表示兴奋、批评、否定、限制的情绪,还可用来表示期待、满意、怀疑、警告等暗示。所以,教师在使用眼神时,首先要弄清目光的内涵,尽量多用表关切、亲近、肯定、慈祥的目光,少用冷漠、否定、厌恶的眼神,不用傲慢、嘲讽、贬损、尖刻的目光。如对学习努力、回答满意的学生,应投以肯定、高兴的眼神;对学习认真,但回答不甚满意的同学,应投以亲切、鼓励的眼神;对腼腆害羞的学生,应避免长时间的目光注视,防止其产生局促不安的情绪;对开小差或违反课堂纪律的同学,可将目光定定地"锁"住他,并辅之以皱眉、耸肩、摇手、"锁口"(用手指在嘴唇晃动)等暗示性动作表警告或制止。其次,教师在课堂上要保证 80% 以上的时间与学生进行目光交流,并要学会不断变换目光注视的位置,还要学会用余光扫视全班,保证经常与全班所有同学有目光交流。相反地,教师如果在课堂上目光散乱、游移不定,就会让学生产生不安;如果眼神呆滞冷漠或目中无人,就会让学生产生逆反情绪;如果眼神老停留在一处,则会让学生产生恐惧;如果不敢与学生眼神接触或一瞥则躲,学生就会不信任你,甚至会瞧不起你。

需要特别指出的是,有很多教师总习惯把赞许的目光投向优秀、听话的学生,而会把冷漠、厌恶、严厉的神情给予那些学习有困难或行为有过失的同学,这种嫌"贫"(后进生)爱"富"(优秀生)的做法是极为错误的。学生可塑性大,有许多发展的潜能,不应将他们区别对待,就算个别学生顽而不化,也应当一视同仁。事实上,只有对那些所谓的"后进生"更热情、更亲切、更关心,才能温暖他们那受到伤害而逐渐变冷的心,才更能显出教师的无私爱心与高尚姿态,更能显出教师高超的教育、教学艺术。

(2) 恰到好处地使用表情

南京市小学特级语文教师王兰有一句名言:"把微笑带进课堂。"微笑,是教师的职业表情。当然,这种微笑不是嬉皮笑脸,也不是虚情假意,更不是皮笑肉不笑。这种微笑,是一种和蔼可亲而又不失严肃认真的笑,是一种稳重端庄又不失活泼风趣的笑,是一种信任激励而又不失优雅风度的笑。这种微笑,最能体现教师的修养,最能沟通师生的感情,最能感染学生的情绪,最能营造课堂和谐自由的学习气氛。因此,教师千万不要吝惜自己的微笑。

此外,不要把微笑误解成为是自始至终一成不变的笑脸。教师的表情是要随着学习内容的变化、学生学习情绪的变化而变化的。如面对学生学习努力或有创意的发现,要给予灿烂的笑脸以资鼓励;当学生露出不解的神情或露出畏难的情绪时,应给以亲切信任鼓励的微笑以示引导;当学生回答问题不当或有漏洞时,要轻微摇头或摆手以暗示要纠错补漏;当学生害羞或紧张回答不上,要面含微笑或轻轻点头,帮他们开一个头或铺垫几句,以消除他们的紧张心理;当学生无动于衷或表情冷漠时要给以热情洋溢、充满期待的笑脸以表鼓励;当学生开小差或课堂纪律不佳时,可收起笑容,露出不满、警告的神情以示暗示。又如,当学习内容与微笑无关时,教师还要及时调整表情,换上与学习内容相关的神态,才能有助于学生的学习。

还有,教师还应学会控制自己的情绪,绝不能把自己的烦恼痛苦或喜怒哀乐写到脸上带进教室,要使自己的表情与自己的身份、所处的场合相一致,使自己的神情与学习内容、学生情绪相吻合。

2. 科学运用手势,渲染教学气氛

罗丹说,手有时比嘴巴还能说话。毛泽东也主张要以手势帮助说话。科学地使用手势语,能渲染教学气氛、活跃学习情绪、调节学生注意力、强化学习效果。

手势语按其构成方式和功能不同可分成这几类:象征性手势、会意性手势、指示性手势、强调性手势、描述性手势、评价性手势和警示性手势等。按其动作的部位又可分为手指势语、手掌势语和手臂势语三种。

运用手势语要理解它的特定含义。一般来说,手势动作在肩部以上表示宏大、张扬,往往带有较强的夸张意味;在肩部至腰部之间,多表示说明描述,多带写实的味道。教师要根据教学内容和任务恰当选择。

(1)要适量适度

适量是指在课堂教学中不宜过多过滥,否则有手舞足蹈、喧宾夺主之嫌,有失教师身份,也会分散学生的注意力。只有在表达关键性的情感、意图或词语时,适当运用它,才能收到画龙点睛之效,加深学生的印象,营造学习的气氛。适度是指手势活动的区域范围要适当,幅度大小要恰当。一般而言,教学手势上不过头,下不低腰,主要在肩部和腰部之间活动。幅度不能太大,太大显得做作、滑稽,容易引起学生反感。

(2) 要保持协调、准确、自然

手势语是口头语的辅助,因此时时处处都要与身体姿势、眼神表情、口头语言等协调一致,还要与所表达的态度、情感、内容相吻合,才能准确地传递信息、表达感情。手势语要自然得体。自然,指优雅大方,不要扭扭捏捏、生硬离奇;得体,指动作不要跨度太大、卖弄做作、滑稽荒诞。要记住,教师不是演员,课堂也不是表演场,手势也绝不是教师表演的工具。

(3) 不要使用消极手势语或不雅手势语

消极手势语会伤害学生尊严,干扰教学正常进行,如不停地砍"手刀"、指指点点戳戳、敲黑板、拍桌子、用粉笔头或粉笔刷打学生等。不雅手势会损害教师形象,给学生造成不良影响,如搓颈背、摸胡子、抠鼻子、挠头皮、抚头发、揪发卡、弄衣扣、弹手指、手插裤兜等。这些不文明不健康的手势,是教师的大敌,千万不可小觑它的危害性。

(四) 适当走动,轻松活泼

在课堂教学中,教师适时变换身体的位置,在学生面前适当地走动是可行的,也是必要的。教师在课堂上的走动大体有两种:一是在讲课时适当地在讲台周围走动,二是在学生朗读、讨论、练习、回答、质疑时,适当地在学生中间走动(又称课堂巡视)。这前一种走动,可使课堂变得有生气,容易引起学生的注意,能有效调动学习的积极性,也能有效减轻教师的疲劳。后一种走动,能给学生一种"易于接近"的心理感受,能大大地缩短师生的距离,密切师生关系,加强师生的情感交流,同时,这种走动还方便教师个别辅导,释疑解难,了解情况,检查和督促学生完成学习任务。但如何走动,是有许多讲究的。

1. 不能分散学生的注意力

要做到这一点,首先,要控制走动的次数,不能整堂课都在无休无止地踱来踱去。一般来说,与学生对话、辅导学生、稳定学习情况、维持课堂纪律(如水到渠成地走到违反课堂纪律或开小差的同学身边轻轻叩击课桌或轻指他的脑袋以示警告)时,可适当走动。其次,走动时应该步履缓慢、脚步轻轻、神态自若、动作轻松,而不是行色匆匆、脚步重重、神色异常、动作夸张。再次,走动时还要选择合适的时间,如学生全神贯注看书、思考问题、做作业、考试时是不欢迎教师走近的。

2. 要方便教学

当组织学生进行问答练习或要演示教具课件时，以在讲台慢慢走动为宜，以便随时可进行板书或操作演示。在学生中间走动时，不要停留在教室的后面讲课，以免前排学生听不清而产生负面的心理，也不要老停在教室的某一位置讲课，以免学生产生消极的情绪。

3. 注意关注每一个学生，处理好局部与全局的关系

走近学生与他们交流时，教师不仅要关心那些学习好、表现好的学生，对那些功课不好或调皮的学生更要倾注热情，要多亲近他们，多与他们对话，多进行个别辅导，以使他们将这种关爱转化为学习、积极向上的强大内驱力。同时，走近学生与他们交流，也不要总停留在一处，要努力顾及全班同学。还有，在学生有讨论时，如要与某个学生单独对话、释疑，教师应轻轻走近，降低嗓门，以免影响其他同学。如果有个别学生提出的问题有新意，需全班重视，教师则应快速直到讲台拍手请全班注意，共同探究。

（五）堂堂的仪表、优雅的风度

教师的仪表风度包括服饰、打扮、举止、姿态等，它是教师人格、个性、情感、观念、操守的综合反映，是教师品德素养、文化素养、审美素养的外化，对学生的成长影响至深。教师衣着要大方得体，不着奇装异服；衣帽鞋裤要整洁有条理，不可邋邋遢遢、随随便便；容颜面貌要端庄得体，发型发色不宜追逐时髦，装扮要清新自然，切忌浓妆艳抹、珠光宝气；神情要庄重谦和，不要盛气凌人；言谈举止要文雅文明，不能张狂粗俗；精神要饱满，姿势要挺拔，站如松坐如钟，轻快活泼，不能有拒人千里之外的孤傲自大或令人望而生畏的冷漠麻木，更不要给人猥亵粗野之威。堂堂的仪表、优雅的风度、优美的造型、彬彬有礼的神韵，不但给学生美的感受，更让学生能受到潜移默化的影响，进而形成愉快轻松的学习氛围。

◆ 案例评析

1. 在国内一次调查中，学生对不喜欢的教师进行了一番描述，其中有"不耐心"、"情绪不稳定"、"过于严厉"、"粗暴不讲理、讲话刻薄、讥讽挖苦人"、"表情严肃、不和蔼，整天脸无笑容"等内容。

（点评：从学生的回答可以看出教师的态度、表情对师生关系和学生学习态度有直接影响。）

2. 美国一位教育家在对九万多名学生进行调查后，归纳出好教师的 12 种素质[a]。

（1）友善的态度——"她的课堂犹如一个大家庭，我再也不怕上学了。"

（2）尊重课堂上的每一个人——"她不会把你在他人面前像猴子般戏弄。"

（3）耐性——"她绝对不会放弃要求，直至你能做到为止。"

（4）兴趣广泛——"她带我们到课堂外去，并帮助我们把学到的知识用于生活。"

（5）良好的仪表——"她的语调和笑容使我很舒畅。"

（6）公正——"她会给予你应得的，没有丝毫偏差。"

（7）幽默感——"她每天会带来欢乐，使课堂不致单调。"

（8）良好的品性——"我相信她与其他人一样会发脾气，不过我从未见过。"

（9）对个人的关注——"她会帮助我去认识自己，我的进步赖于她使我得到松弛。"

（10）知错就改——"当她发现自己有错，她会说出来，并会尝试其他方法。"

（11）宽容——"她装作不知道我的愚蠢，将来也是这样。"

（12）颇有方法——"忽然，我能顺利念完课本，竟然没有察觉到这是因为她的指导。"

（点评：以上的调查结果向老师清楚地呈现了教师的教态对学生的学习心理所产生的影响具体有哪些方面，显示了教态对学生教育的重要性。）

3. 教师的目光[b]

我在教苏教版语文八上《纪念白求恩》中提到白求恩大夫曾连续进行一百多个手术，很多孩子都感动不已，这时我发现后排角落有一个学生小心地举起了手，我马上让他发言，他站起来小声地说了声："老师，我觉得他不负责任。"很多孩子都愣住了，这时，我立即给了他一个赞许的目光，同时，鼓励道："好，这位同学提出了与大家不同的观点，那么让我们来听听他的理由，好吗？"他说："他对自己对别人都不负责任，一方面他在极端疲劳的情况下做手术，这对病人来说多危险啊，再说，长期处于极端疲劳的状态下，对他的身体伤害太大。"这时全班鼓掌，这带给他极大的勇气。我接着说："你说得很对，白求恩大夫一定也只知道这些后果，那他为什么还这样做呢？"课堂一下活了，孩子们很快领悟到白求恩大夫的牺牲精神。

（点评：如果教师没能适时地用目光扫视教室的每个角落，或许就不会发现这位同学，如果没有教师鼓励的眼神、同学们的掌声，就不会有这位学生的镇定自若，这会影响这个学生的一生。)

4. 一个老师上《智取生辰纲》，讲到杨志的时候，模仿他的动作，简直是惟妙惟肖，学生开怀大笑，课堂气氛相当活跃，学生的积极性相当高，教学效果非常出色。

(点评：教师的模仿激活了文字，更激活了学生的心。)

5. 在一次作文批阅中，老师发现一位成绩好的学生和一位成绩较差的学生同时抄袭了某作文刊物上的一篇文章，这位老师分别找他们谈话。他对那位成绩好的学生说："你写作向来很好，像那样的文章你也能写，为什么要抄别人的呢？"这位学生知错了，重写一篇交来，果然不错。他对那位成绩差的学生说："其实你并不是全文照抄，文中也有一些你自己的语言，把抄别人的细节删掉，换成你自己的独特发现，怎么样？"在老师的辅导下，这位学生反复修改，作文质量也达到了中上水平。

(点评：老师在讲话的时候，他表现出的一定是耐心和鼓励的神情，好的教学的效果有这个神情的功劳。)

6. 特级教师钱梦龙在讲授《捕蛇者说》一文的写作特点立意奇特，奇在蓄势时，就采用了以无声语言来帮助有声语言的方法。"蓄势"即积蓄气势，要让学生准确地理解这一点并非易事，钱老师却通过"以演助言"而讲得深入浅出："同学们经常见到气功师手劈石砖，在劈砖前气功师往往会有这样一个动作。"钱老师一边说一边作气功师"运气"状："这个动作叫什么呢？""运气！""对！叫运气，气运到一定的程度，就会手起砖断（边说边作劈砖状），那么，这个运气过程就类似于本文写法的哪一方面呢？"此问一出，学生几乎脱口而出："蓄势！"于是一个较有难度的概念，学生却在轻松愉快的气氛中很快掌握了。

(点评：这段教学语言的成功之处，主要应归功于钱老师体态语言的生动传神。"蓄势"是一个较抽象的概念，光靠有声语言的条分缕析很难保证学生对其有一个准确的理解，于是钱老师将有声语言和无声语言相结合，营造了一种直观可感的形象，使学生能通过视觉和听觉的交融来共同感受"蓄势"一词的含意。这种调动学生多种感官共同作用的教学方法，无疑大大拓展了语言的功能和效用。)

◆ 训练项目

1. 亲切与可敬

教学中，教师的态度如何，风度怎样，直接关系到学生的学习情绪，因此教师的神情举止一定要十分得体自然。下列情况，你打算怎样流露自己的真情实感？

当学生的回答(或朗读或表现)十分出色时。
当学生的回答离题或不尽如人意时。
当学生指出老师的板书错误或不同意教师的观点时。
当学生提出非分要求时。
当学生提的问题你答不上来时。
当学生故意刁难你或对你不敬时。
当学生神情迷惘或抓耳挠腮时。
当学生无动于衷或不予配合时。
当你发现某学生神态异常或脸色不对时。
当课文的内容勾起学生的痛苦,令其失态时。

2. 耐心与修养

有一句名言:教育就是纠错的过程。教学,永远具有教育性。教学不但考验教师的智慧,也考验教师的人格与修养,还考验教师的态度与方法。下列情况,应当如何设计你的表情动作?

讨论课文《宋定伯捉鬼》时,一位调皮的学生语惊四座:"宋定伯不讲信用,太阴险狡猾。"全班哗然。

讨论中,有学生讲话啰啰唆唆或语无伦次,估计要影响教学进度。

讨论时,学生太活跃,情绪有点失控,可能影响教学进度。

教学中,有个别学生老是开小差或违反课堂纪律。

有一口吃的学生非常喜欢发言,但每每都遭到同学们的起哄。

有一女生天生胆小,从不敢当众发言,而你要鼓励她、培养她。

教学中,学生津津乐道于教学目标之外的内容。

教学中,有不少学生浅尝辄止,不愿苦学探究。

台风来临前,天气酷热难耐,不少学生无精打采,有些早已趴在桌子上睡觉了。

寒潮骤至,上课时同学们挨挨挤挤,搓手、跺脚取暖。

3. 机智与权变

教学过程是一个动态过程,存在着许多不可预测的因素,随时都可能出现偶发事件。这就需要教师大智大勇随时应变,善于处理。下列情况,该如何进行体态语的设计?

上课伊始,课堂秩序大乱,根本无法上课。

上课过程中,突然停电,多媒体课件无法演示。

上课过程中,突然风雨交加、电闪雷鸣,课堂秩序大乱。

上课过程中,课室里突然飞进了一只小鸟(或小飞虫),干扰课堂教学。

上课过程中,隔壁教室(或教室外)突然出现大骚动。

上课过程中,后排的两位学生发生摩擦,影响上课。

上课过程中,突然有一位学生尖叫着跑出教室(或在座位上失声痛哭)。

上课过程中,突然有一架由学生放飞的纸飞机把老师的眼镜撞跌了。

上课铃声响了很久,还有几位学生慢吞吞地走进教室,干扰了教学。

离下课还有五分钟,但不少学生早已忙着收拾东西准备下课,秩序较乱。

注释

a 资料来源:http://www.zhongkao.com/200711/4954310e91936.shtml。

b 周亚萍.浅谈肢体语言在语文课堂教学中的运用[OL].http://www.xhedu.gov.cn/jy-sc/ShowArticle.asp?ArticleID=2037。

本章参考资料

[1] 徐妙中.新课程理论下课堂行为操练指导[M].北京:人民教育出版社,2004.

[2] 杨国全.课堂教学技能训练指导[M].北京:中国林业出版社,2001.

[3] 王松泉,董百志.教学艺术论新编[M].海口:海南出版社,2000.

第九单元

语文课堂教学反思技能训练

 训练导言

　　语文教学反思指的是语文教师在自己的教学活动结束后,对自己在教学活动中所实施的教学行为以及由此产生的结果进行审视和分析,从中总结经验和教训,以指导下一阶段的教学实践活动的一项工作。它与教学评价不同。教学评价和教学反思都是以教学活动的实践工作为研究对象,但是,教学评价是研究他人的教学实践,而教学反思则是思考自身的教学实践。当然,语文教学反思与一般人所说的反思也不同。一般人所说的反思指的是检讨自己的失误和教训,而语文教学反思则包括研究自己教学实践工作的价值和局限、工作的成功和失误、工作的对策和方法等,是对自己所经历过的教学情境的一种专业判断,一种自我教育。

　　教学反思是现代教育关于教师专业化成长与发展的一个重要概念,也是现代教师素质的重要组成部分。美国的教育心理学家总结了教师成长的公式:成长＝经验＋反思。一名语文教师经常对自己的语文教学进行反思,有着不可低估的积极意义,具体表现在以下几个方面。

1. 直接纠错

　　在语文教学实践中,一节课上下来,有错失有误差是难免的。但失误发生之后,不应消极回避,而应积极反思。在反思中纠错,在纠错中学习,在学习中成长。学会随着课堂情景的变化来修正自己的计划,再有一次机会的话,就不会"在同一个地方两次跌倒了"。

例如，浙江绍庆文澜中学的赵卓青老师谈到[a]：上午第一节，在初一（6）班上《最后一课》。课一开始，我就谈都德，谈普法战争，谈《最后一课》的姐妹篇《柏林之国》，谈中国的南京大屠杀……自己的情绪已经很高涨了，本以为学生也会很有感触。但是接下来我让学生谈感受时，学生却你看我，我看你，没人说话。课只好在尴尬中进行。我懊恼不已：为什么会这样？是不是自己大量的导入反而成为一种束缚？第二节课，在初一（5）班，我让学生静一点再静一点，让学生静静地阅读《最后一课》；让学生闭上眼睛，假设自己是小弗朗士，再静静地经历这最后一课。然后问学生：心情怎样？这时，学生慢慢就打开了话匣子，有的从小弗朗士被迫学德语谈到自己爷爷被迫学日语，有的从爱国谈到责任，有的激动、有的愤怒、有的惊异、有的严肃。学生真正走进了文本，走进了自己的心里。

赵老师仅经过课间十分钟的反思，就避免了第二节课再次失误。这种情况在日常的教学中不是很多吗？

2. 促进提升

古人说，"学而不思则罔"，"罔"，就是迷惘，无所适从。又说，"行成于思而毁于随"。所以很多老师在一个学期，一个学年，或一项教学实验结束之后，常常都要进行回顾和反思，其目的就是借助反思，在反思中提升自己的理性认识，规范自己的教学行为，使自己的教学行为有所适从，有所规范，走出迷惘，走向理性。

例如，江苏南通天星湖中学袁彬老师谈到[b]：在作文教学中，我充分认识到观察的重要性，也常有计划地带学生去市场去车站去公园进行实地观察。但回到教室进行写作时，学生又感到无话可说了。为此，我不断探究个中原因，也找了一些学生进行访谈。我渐渐明白，是自己在课堂上讲授的观察方法未能起到指导作用。我一直被这个问题困扰多年。后来，我到华东师大学习，接触了合作学习的理论。于是我在作文观察中引入合作学习的方式和教学策略，2003年在学校进行实验。第一次合作学习观察的实验课结束后，我具体分析了实验班和控制班的作业，从数据看实验班的确有收效。事后，我又找学生、同行访谈。以后再进行实验，发现数据大致相同。再三探究，我得出了一个浅显的结论：合作学习对作文观察学习是有效的，是一种较好的学习方式和教学策略。今后，学生就可以这样学观察。

不难看出，袁老师长期的教学实践中一直伴随着他的自觉反思，在不断的反思中不断提升了认识，坚定了信念，并有力地支配了自己以后的教学行为。

3. 激励创意

每反思一次,就能纠错一次;每总结一次,就能提升一次,总会产生一种"山有小口,仿佛若有光"的感觉。再"复行数十步",会不会"豁然开朗",有新的发现?渔人发现"世外桃源"是无意的,但语文教学反思如同"仿佛若有光"的激励,是相通的。

远的老一辈的于漪老师、章熊老师等,他们作为特级教师有特有的教学风格,但开风气的学术著作,不正是反思和探索的结果吗?再看近年三四十岁、四五十岁的后起之秀。

四川的何立新老师谈到c:参加工作多年后,电教公开课获省级奖,收获了语文教育的第一桶金。但突破后的迷惘,又接踵而至。深入反思后,将学习心理的教育理论引入语文教学,又多次获奖。实践使我懂得了反思,反思促使我不懈地探索,探索中又在各级各类的语文教学大赛中夺冠折桂。不断地创造和超越是我人生最大的幸福,我相信我能用创造和超越叙写我与语文教学之间更精彩的篇章。

在2004年的《中学语文教学》"成长之路"、"校园风采"等栏目里,我们还看到了清华附中崔琪老师在成就中的自省,在自省中的成就;看到了江苏常州高级中学的语文老师,他们读书、实践、反思、探索,不断地走向语文教学的阳光地带;看到了浙江江山中学郑逸农老师自1987年始,在正反经验中反思,和"非指示性"教育一同成长,在不断修正和完善"非指示性"教育的同时,不断地发展自己的生命创造力……

在本章中,语文教学反思主要是从语文教学技能的角度论述的。要使语文教学反思成为语文教师健康成长的动力,对语文教学反思的要求又是多方面的,综合性的。大而言之,它需要语文教师有良好的素养,包括热爱本职工作,有高尚的职业道德,有开拓进取的精神境界,有健康的职业心理品质,有合理的文化知识结构,有扎实的语文教育理论基础,有自觉的语文教学科研的意识,有熟练的语文教学实践的能力等等。具体言之,每一次具体的语文教学反思的工作,必须做到思想理念要到位,心理调节要到位,方法技能要到位。

教学反思的技能是对自己的教学实践进行专业评判和自我评判的一种心智活动、思维活动的方式。面对复杂的语文教学实践和语文教学过程,语文教学反思的技能主要表现为反思的切入,反思的深入,反思的表达等。

(一) 反思的切入

做任何事情都要寻找突破口、切入口。教学反思也需要在复杂的教学现象和教学过程中找到思维的突破口、切入口。反思切入的具体技能有如下几种。

1. 从普遍之处切入

事物的变化都是由量变开始的,量变会引起质变,要有基本的数量意识,这是常用的思维方法。语文教学反思可以从自身教学实践中大量存在的、普遍出现的现象切入。

例如,江苏镇江谏壁中学孙建平老师谈到d:多年来,教《孔雀东南飞》时,总不忘对全诗作内容上的疏通。诗比较长,费时甚多,课堂气氛比较沉闷。每次吃力之余,总是想:有必要作这么详细的讲解么?今年又教《孔雀东南飞》,我布置预习后,不再对课文内容作系统疏通,而是让学生对照注释自己读。事后,我进行了问卷调查,发现85%的同学说能基本读懂课文。这种情况又引起我对教学的反思:是以往自己不顾学生的实际而低层次地、反反复复地将学生已经学懂的内容再强加给学生,直接造成了课堂教学内容和效率的肤浅与低下,在日益强调发挥学生主观能动性的今天,显然是不合时宜的。那么,又应该如何科学而有效地指导学生解读文本?我向高校学生调查,同老师们交流,听取特级教师的建议。他们的意见对我都有很强烈的警醒作用:教师不要替代学生自己能够进行的思考。

从课堂气氛沉闷这种全班普遍的情况切入,从85%的同学的意见切入,从一系列的交流所获得的信息切入,从而得出教学反思的结论,会有可能把握好教学的普遍性、代表性。

2. 从独特之处切入

教学教育工作是一种创造性的工作,课程改革的背景,为我们提供了更广阔的发挥创意的空间。语文教学反思可以从自己有个性的设计、有创意的实践、有独到的效果之处切入。

例如,浙江江山中学的郑逸农老师谈到e:过去教《雨巷》,都是用两个课时,显得时间仓促,没有上出味道来。这次上《雨巷》,决定连用四个课时,高二(2)和高二(5)两个班合上。整个教学过程按教师激趣——自由朗读两遍,说说原初体验——尝试性朗读,揣摩朗读技巧——听录音范读——再读,确定学习目标——研读欣赏——交流——学生合作探究——教师提问与介绍——反思——比较阅读——结束语等 12 个教学环节进行。课后我想:这样做时间是不是太浪费了?书面调查的结果是,104 人中只有 5 人持反对意见。为什么绝大多数的学生都赞同都喜欢?因为在这四节课,学生研读、交流、提问、讨论、扩展阅读、边读边写、随想随写花的时间多。这样做好不好?学生能更珍视自己个性化的理解和感受,把听说读写四种语文能力的训练都带进课堂来了,恰恰体现了"非指示性"教学实验(郑老师的一项教学实验)所强调的自主性动态性。怎样处理教学课时少的矛盾?不大有语文味的课文,就简略点学或不学。

有的课文就简略学甚至不学,有的课文就用他人不曾敢花费的足够的时间来学。从独特之处切入而得出的教学反思的结论,会有可能从个别到一般,从具体到普遍,带动对语文教学一般问题和典型问题的研究。

3. 从意料之外切入

已有的设想和安排未能产生预期的结果,意料之外的忧也好,意料之外的喜也好,预设目标和现实结果的反差,更具有唤醒功能。指向有意注意功能的语文教学反思可以从自己教学实践中的意料之外切入。

例如,浙江绍兴稽山中学袁蓉老师谈到:教授《林黛玉进贾府》的过程中,预设目标之一是透过林黛玉与王熙凤的肖像美深入人物的内心世界,特别是发现林黛玉不同凡俗的气质美。我提出"同为女性,同为很美的女性,王熙凤和林黛玉有无差异"的问题后,学生纷纷发言,教学按预料的情况正常进行。不料中途一位学生提出:文章似乎没有写林黛玉的穿衣打扮,她会穿怎样的衣服呢?面对不曾预设的意外,我又顺其自然地引导对这个问题的讨论。没想到又掀起了一个讨论的高潮,而且意外地发现,略去林黛玉的衣着打扮不写,更能使读者着眼于她的精神气质。

一处不曾预约的精彩,或者一处不曾意料的难堪,实际上都体现了预设是静态的,实践是动态的,学生是开放的,过程是变化的。在教学环节的推进中必须纳入这些动态的变化的因子,通过预设促进生成,通过生成完成预设。教学艺术有时可以简化为教师把握预设与生成的艺术。从意料之外而得出教学反思的正反结论,会有可能带动我们对语文教学艺术的研究。

4. 从情理之中切入

实践的结果与预设的目标一致,在获得成功体验的教学情景之中,一定会蕴藏着许多合理的因素,这也是常有的思维方式。语文教学反思可从情理之中切入。

例如,北京师范大学附中邓虹老师谈到g:怎样才能促进和传递出现今学生对生活的新体验,是作文教学面临的困境。怀揣着这样的思考,寒假前夕,我有意识给学生设计了一份特别的假期作业:"超文本"活动作文——征集"家庭故事"。活动的步骤是搜集素材,选择题材——确立对象,深入挖掘——整理素材,构思作文——后期制作,完善成型。活动的成果除以传统的文字方式呈现作业之外,鼓励充分利用现代化技术创造加工。开学后,学生交上来的作业激动人心。活动作文的概念并不新鲜,但我关注的重点是规定作文的步骤和作文的呈现方式,前者可以发现学生在写作过程中一系列的普遍性的写作问题,为寻求教学途径和策略提供依据;后者顺应了现代社会表达方式多元化、立体化的发展趋势。"超文本"活动作文方式会不会成为刺激学生积极作文的兴奋点和新的写作方式?我想,我的努力没有白费。

从情理之中切入得出的教学反思的结论,是教师在反省认知后得出的解题策略,会有可能是能够适应学生学习的教学有意匹配策略,或者是教学的有意失配策略。

(二) 反思的深入

反思的切入,仅仅是找到了反思时视角投射的方向,找到思维的起点。语文教学反思的核心,在于深入分析探讨语文教学的规律。将语文教学反思引向深入的技能有以下几种。

1. 由此及彼,正反比照

思考的方向是由此教例联系到彼教例,由正面教例联系到失误教例,在正反比照中深入思考。

例如,浙江赵卓青老师还谈到h:上《最后一课》时,从初一(6)班教学的失误与初一(5)班教学成功的比照中,我深入思考——什么样的阅读才是真实的阅读、有效的阅读呢?真实的阅读应该是学生的阅读。第一节课在初一(6)班精心设计的导入,实际上是我自己的感受而并非是学生自己在阅读中实际的、自主的、自然产生的一种心理感受。自己精心的导入反而给学生的阅读编织了一个樊笼。不是教师服务于学生这个主体,而是学生这个主体去附和教师。这和"尊重学生主体"的理念是背道而驰的。而初一(5)班的成功,恰恰是体现了真实的阅读应该是学生的阅读、独立的阅读、完整的阅读。

正反比较,能使事物的特点更鲜明更突出,从而让人更便于把握事物的关系、事物的本质。这是常用的研究方法。

2. 由表及里，揭示本质

思考的方向是透过教学现象，揭示教学的内部矛盾，在感性向理性的提升中深入思考。

前面谈到江苏孙建平老师《孔雀东南飞》的教学，从学生对照注释也读懂了课文的现象，发现了教师不要替代学生自己能够进行的思考，而要发挥学生主观能动性的规律；浙江郑逸农老师《雨巷》的教学，从连续用四节课学《雨巷》，反而让学生上出了语文课的味道这一现象，发现了在"非指示性"教学中要发挥学生的自主性，就要珍视学生的个性化理解，并且要整合听说读写的语文训练的规律；浙江袁蓉老师《林黛玉进贾府》的教学，从处理好中途一位学生发问的突发事件中，发现了通过预设促进生成，通过生成完成预设的规律；北京邓虹老师从成功地进行了征集家庭故事的作文指导和作文讲评的教学现象，发现了应关注学生作文过程，作文教学应该结合社会生活等方面的规律……都是在由表及里的深入反思中发现的。

由表及里，通俗的说法就是多问几个为什么。教学中的许多问题，既是实践问题，又是理论问题，由表及里深入反思，实际上就是引导实践和理论的对话。在多问几个为什么的深入对话中，原先被激情和喜悦（或被难堪和失意）所淹没的种种教育原理、教学规则就会逐渐变得清晰和明确，从而找到有力支持自己的教学行为的依据，避免自己教学行为失误。

3. 由点及面，多方求证

思考的方向是通过眼前的教学现象，继续援引同质异质的多个例证，从而归纳和发现教学的规律。

例如，湖南常德一中冯永忠老师谈到[i]：前段时间在网上看到一节未能奏效的阅读教学课《我的呼吁》，联想起以前我在乡村中学的教学以及后来在重点中学的教学，发现情况都相近。让我迫切感到学生有意识的思维习惯的养成已经刻不容缓。于是，教《胡同文化》时，提出"第二段为什么要长篇累牍地写胡同的命名"，指导学生在难以发现问题的地方深入思考；教《〈宽容〉序言》时，围绕"在宁静无知的山谷里，人们过着幸福的生活"层层深入发问，展开讨论；教《致橡树》时，抓住"攀缘""痴情"讨论，指导学生别以为好懂就简单地以为读懂了，凡事要多问几个为什么……从而总结出教学的规律：语文教学，让思维不再缺席。

再如，前面谈到的江苏孙建平老师就《孔雀东南飞》的教学，向所在班级的学生调查,向高校学生调查,与同行交流,向专家请教,从而找到了教学规律,也是由点及面多方求证的反思。

教育心理学有例—规法的学习原理,由表及里,可以得出规则,但规则的发现,还必须呈现一系列的例证。从一个例子得出一项规则,只是简单归纳的思维方法;从多个例子中得出的规则,由点及面,不断地给予例证,多方求证,才能保证所得结论的可靠性。所以,语文教师的教学反思,还要有一种积累相关教例的意识,积少成多,聚沙成塔,自然会提升到一个新的高度。

4. 由前及后,联系背景

解读文学作品需要知人论世,了解作者的经历和写作背景。

"由前及后",是引用通俗语,说的是教学反思的深入如同解读文学作品一样,需要从眼前具体的教例切入,找出自己的教学实践与时代背景相互制约的关系。

前面提到的北京的邓虹老师还谈到j:在"超文本"活动作文——征集"家庭故事"指导后,发现学生付琳的作业,一个题为《世界公园怎么了》的DV短片,很有鲜明的个性特点。惊喜之余,考虑如何讲评这次作文。觉得只有为学生营造一个及时的互动的教学环境,方能优化作文讲评的过程。于是,把学生领进计算机室,上一节网络自主"活""动"评讲课,让学生在计算机室里展示自己的DV作业,作者自述自评,同学在网络上自主评析,讨论交流,在计算机室里随时播放课件,率性点评作业。网络作文讲评课为之面貌一新。这节与传统作文讲评完全不同的创新教学课,是迫于"形势"的结果,更是时代的必然。信息社会高科技时代使学生的学习活动和学习成果必将打上技术的烙印;提倡对话沟通的社会环境也为所有学生提供一个自由的心灵空间,赋予每一个学生话语权和选择权;充满挑战与竞争的社会趋势充分调动了学生的创造性思维。学生个性化学习和创造性学习成果已摆在教师面前,你别无选择,必须探寻新策略。这次作文讲评,为学生搭建网络平台,实现信息技术与作文教学的有机结合,不失为一种策略,一条新路。

将自己的教学实践放在广阔的背景条件下反思,找出教学实践变革外在的社会推动力,更能体现教学反思的时代意义。

(三) 反思的表达

俗话说,想好了不等于写好了,写好了才表示想好了。教学反思的结果不能仅仅停留在大脑,要用文字为载体将其表达出来。好记性不如烂笔头。用于同行,具有交流意义;用于自己,具有积累意义。

教学反思可用以下几种文字表达的形式。

1. 写教学后记

早在1987年6月由上海一家出版社出版的供在职教师进修用的全国教育院校写作丛书中，庄涛主编的《高等写作教程》，就有"教学笔记"的写作概念，将"教学笔记"看做是"从事教学工作的工具"，是"记录教学情况、教学经验、教学心得、教学问题"的一种文体。2003年6月南方某出版社出版的"新教师教育丛书"中，陈建伟主编的《中学语文课程与教学论》，出示的语文阅读教学的教案模式，也有"教学后记"一项。教学后记要求每一节课、每一项教学实践之后，即时把感受最深的地方记下来，字数不限，形式不拘。似在教海中拾贝，似为教学而备忘，边思考边记述边积累，做教学的有心人。

2. 写教学总结

写教学总结是一项并不陌生的工作，是每间学校每位教师的常规写作要求。在一个学期、一个学年、一项教改实验结束时，较系统地回顾此阶段自己的教学实践工作，以增强今后工作的主动性和自觉性。

写时注意叙议结合，点面结合，总结经验得出一二三四点，寻找对策找到一二三四项，研究规律提炼一二三四条都可。当然，其内容其容量比教学后记要丰富充实。

3. 写学术论文

如果说教学后记、教学总结在写作思路方面要求比较宽松，那么写反思型的学术论文，其写作思路则要求比较严谨。在自身教学实践的基础上要有提出问题、分析问题、解决问题的逻辑思路；其论证分析则要求较有深度广度，对自己作出的理论选择要进行多方论证，方能立论或驳论；其探讨探究问题则要求较具价值，或确立新说，或完善成说，或纠正通说，或填补空说，要能够在前人研讨的基础上将本学科的研究推进一步，哪怕是小小的一步。

一步又一步，语文教学反思将我们引上研究型创造型教师的成长之路。

案例评析

下面是一篇初中阅读教学用的课堂学习材料。

启示的启示

墙壁上,一只虫子在艰难地往上爬,爬到了一大半,忽然跌落下来。这是它的又一次失败的记录。

然而,过了一会儿,它又沿着墙根,一步一步地往上爬了,第一个人注视着虫子,感慨地说:

"一只小小的虫子,这样的执著、顽强;失败了,从头干,真是百折不挠啊。

"我遭到了一点挫折,我能气馁、退缩、自暴自弃吗?"

第二个人注视着虫子,禁不住叹气道:

"可怜的虫子,这样盲目地爬行,什么时候才能爬到墙头呢?只要稍微改变一下方位,它就能很容易爬上去,可是,它就是不愿反省,不肯看一看,唉,可怜的虫子。

"反省我自己吧:我正在做的那件事一再失利,我该学得聪明一些……"

第三个人询问智者:

"观察同一只虫子,两个人的见解和判断截然相反,得到的启示迥然不同,可敬的智者,他们哪一个对呢?"

智者回答:"两个人都对。……太阳在白天放射光明,月亮在夜晚投洒清辉——它们是相反的……世界并不是简单的组合体,同样观察虫子,两个人所处的角度不同,他们的感觉就不同,他们获得的启示就不同。……形式的差异,往往蕴涵着精神实质的一致;表面的相似,倒可能掩蔽着内在的不可调和的对立。……"

一位教师执教时有一段教学实录[k]。

虫子不爬怎么办?

(片段一)

师:这是一篇充满哲理的美文。请同学们仔细阅读本文,然后,我们一起来赏析一下这篇文章。

(生阅读、思考、交流)

生:本文采用"以小见大"的写法,于细小的生活之中,揭示深刻的生活哲理。

生:本文语言凝练、深刻、犀利。

生:这是一篇结构精巧而又严谨的文章,由前面两个人对事物的不同态度,引出智者的观点(也是本文的观点):形式的差异,往往蕴涵着精神实质的一致;表面的相似,倒可以掩蔽着内在的不可调和的对立。(文中语言)

生:这篇文章告诉我们:对待同一事物可以有多个不同的答案。

……

(片段二)

同学们正兴致勃勃地发表着自己的观点，突然有人小声地嘟哝了一句。

师：李燕伟同学，刚才你小声说的话大家没听清楚，你能大声说一遍吗？

生（李燕伟）：老师，虫子不爬怎么办？

虫子不爬怎么办？这是我在备课中绝没想到的问题，我的脑子顿时一片空白。

(片段三)

师：同学们，刚才我们一起赏析了这篇美文。但这是在"虫子爬的情况下"进行的。刚才，李燕伟同学提出："虫子不爬怎么办？"下面，我们分组讨论一下：虫子不爬怎么办？

学生交流后总结：

1. 刺激法：A.用针刺激；B.用木棒驱赶；C.在背后放上虫子的天敌，如小鸡等；D.在虫子的后面点火。

2. 诱饵法：在墙的上方吊上虫子最爱吃的东西吸引它。

3. 激励法：和几条粗大、能爬的虫子放在一起，激励着它爬。

4. 借助法：A.把虫子放在藤蔓上然后将藤蔓摔过墙头；B.把虫子绑在蚂蚱上飞过墙头；C.把虫子放在藤蔓上，让虫子顺着藤蔓往上爬；D.在墙上钻一个洞，让虫子钻过去；E.可以让虫子坐飞船。

5. 选择法：A.虫子不爬一定有原因，如果实在爬不上去就不要爬，虫子可以选择其他适合自己的道路，"天无绝虫之路"；B.不一定爬墙，从门口爬过去也行。

6. 换取法：干脆换一只别的虫子完成任务。

7. 等待法：这只虫子一定是在等待和积蓄力量，等到成了茧，变成蛾之后，便可以飞起来了。

……

这位老师执教后，写下了《教后记》。

教 后 记

这是我上公开课时的一次"突发事件"。学生的一句提问，改变了学生课堂学习的轨迹。由此，我产生了这样的思考：教师教学设计的初衷该是什么。国家《基础教育课程改革纲要（试行）》明确指出："教师教学时，要创造性地理解和运用教材，给学生留有自主学习和积极思维的空间。启发学生质疑、探究，满足不同类型学生的需要。"所以，教学设计应该是以学生的学习需要为设计的源泉。学生的自主学习,不仅仅表现在参与教材的学习、参与讨论交流等,更重要的表现在学生理应成为学习过程的策动者、控制者和参与者,与教师共同分享课堂控制权、设计权,共同规定课堂的轨迹,这才是真正意义上的"学习的主体"。

某教学刊物将这段教学实录刊载在"创新课堂"的栏目里。

·思考链接·

1. 这位老师在《教后记》中怎样评价自己的教学?他运用的是哪种反思切入的技巧?他运用了怎样的反思深入的思路?

(提示:这位老师他很欣赏自己在课堂上组织了"虫子不爬怎么办"的全班分组讨论,并认为这一教学设计体现了"满足不同类型学生的需要",体现了"真正意义上的学习主体"。这位老师运用的是"从意料之外切入"的反思切入的技巧。他运用"由表及里"的反思深入的思路,为自己的教学实践找到了理论根据。)

2. 你同意这位老师的自我评价吗?如果同意,请给个理由;如果不同意,也请给个理由。

(提示:笔者不同意这位老师的自我评价;也不同意某刊物认为这段教学是一段有创意的教学这一观点。的确,执教老师是尊重了学生李燕伟突发的"虫子不爬怎么办"的提问,并组织讨论,尊重了学生的体验。但这仅仅是课堂教学形式的一个方面;另一方面,老师让学生分组讨论找出能让虫子爬起来的多种方法,其教学内容已经上成生物课的内容,已远离《启示的启示》,远离语文了。衡量语文教学是否有创意,首先要有一个关注点:就是要注重引导学生"走进语文"(于漪语)。建议将"虫子不爬怎么办"的问题调整为新的学习资源:1. 虫子爬,作者就写下了《启示的启示》;虫子不爬,作者就无法写出《启示的启示》,他可能写出另一篇文章,也可能写不出任何文章。2. 虫子爬,虫子不爬,是生活问题;作者写,作者另写,作者不写,是写作问题。3. 可见,写作与生活的关系密切……类似这样处理,无论学生在课堂上突发怎样的学习体验,都能引导学生"走进语文"了。)

3. 从这位老师的反思看,你认为要善于反思必须注意什么问题?

(提示:这位老师对自己的教学实践的反思不够准确。主要原因是只注重了尊重教学主体的形式,未注重尊重教学主体的内容,对"以学生为主体"的教学新理念,其理解和运用都出现了偏差。由此可见,要做到善于反思,还必须努力提高自身的教育教学的理论修养。)

训练项目

项目一

阅读下面这段文字后完成思考训练题。

一、《中学语文教学》2003年第5期有一个课例:《走进海子的世界——〈面朝大海,春暖花开〉课堂实录》。

二、课例公开之后,有不同的反应。

(一)《中学语文教学》2003年第5期有两篇评论:

1.《"二度课程"与教学个性》

2.《当讲须讲,讲得适度》

(二)《中学语文教学》2003年第8期有三篇评论:

1.《两个问题:〈走进海子的世界〉读后——与×××老师商榷》

2.《要真正尊重学生》

3.《海子的隐逸情怀及心灵的"撕裂"——兼与×××、×××、×××等先生商榷》

(三)《中学语文教学》2003年第12期刊登了两篇文章

1.《答×××老师——关于〈走进海子世界〉课例的说明》(课例的执教老师写)

2.《关于"教学个性""灌"及其他》

(四)《中学语文教学》2004第3期又刊登了两篇评论:

1.《也谈〈面朝大海,春暖花开〉课堂实录》

2.《〈面朝大海,春暖花开〉教学争鸣》

1. 请全面搜集并阅读上述相关的材料。

2. 从他人对《面朝大海,春暖花开》教例的评价和反应中你有什么感受?

(提示:刊物营造了民主讨论的学术氛围,各人可从不同的角度对课例作评价。)

3. 如果将《答×××老师——关于〈走进海子世界〉课例的说明》看做是执教老师的教学反思,你认为这位老师反思的技巧怎样?

[提示[1]:课例主要是探讨诗歌教学的规律,为同类课文(《面朝大海,春暖花开》属短而浅的课文)的教学提供认识和经验,引导大家走出同类课文教学的偏差和困境(就像本章第一节谈到的许多教例一样)。面对复杂多样的评价,教师的反思其实可以从两个方面切入:从情理之中的角度看,自己的教学为何能够得到广大学生和老师的好评呢?是因为自己始终"关注了学生思考问题的深度和广度"(《语文

课程标准》),教学重过程,重体验,重积累,避免了学生解读诗句时认识的简单,思维的搁浅,基本上达到了高二学生应有的鉴赏水平。这点在反思时是完全可以自我肯定的。但从意料之外的角度看,自己的教学为何又会受到同行意想不到的批评呢?主要原因是在操作实施方面。教学全过程共有17个环节,其中有的环节需要强化的而未能强化,有的环节需要改善的而未有改善,有的环节需要删减的而未作删减,有的环节需要变序的而未变序。如果执教老师能这样冷静反思,那么,对他人"下绝对化断语"、"有灌输之嫌"的批评意见就找到了接纳的角度和改进的方法了。

但是,这位老师教学反思切入的角度是针对他人对教例局部的具体的评论意见切入,他人批评那一点,这位老师就从那一点切入。所以,教学反思就只能停留在对具体的局部问题的争辩水平上,而对自己教学实践的整体特点,教学探讨的价值,教学过程的偏差等方面的情况,就未能进行深入反思,未能在"诗歌课例研讨"中由表及里,找到诗歌教学的规律。反思切入的技巧有偏差,妨碍了自己反思的深入。]

4. 从这位老师的语文教学反思中,你得到什么启示?

(提示:语文教学纷繁复杂,一节课上下来,评论的意见有褒有贬,有肯定有否定,并不奇怪。教学反思首先要有一种宽容平和的心态。要将自己的努力,运用在掌握反思的切入、反思的深入、反思的表述等方面的工作上。运用好反思的原理,培养自己反思的技能,走健康成长之路。)

项目二

请书面完成下列作业:

1. 教育实习前要试教,教育实习时要任教。为自己的每一节课写教学后记,在每节课的课后完成。

2. 在教育实习结束后,写一篇反思型的语文教学总结。交教育实习指导老师,请指导老师点评。

注释

a 赵卓青.追求真实的阅读[J].中学语文教学,2004(10).

b 袁彬.学生可以这样学观察[J].中学语文教学,2004(2).

c 何立新.我与语文的故事[J].中学语文教学,2004(2).

d 孙建平.关于如何解读文本的反思[J].中学语文教学,2004(12).

e 郑逸农.走进雨巷,体验意境[J].中学语文教学,2004(12).

f　袁蓉.不曾预约的精彩[J].中学语文教学,2004(10).

g　邓虹."超文本"活动作文[J].中学语文教学,2004(10).

h　赵卓青.追求真实的阅读[J].中学语文教学,2004(10).

i　冯永忠.让思维不再缺席[J].中学语文教学,2004(2).

j　邓虹.网络自主"活""动"评析[J].中学语文教学,2004(11).

k　黎雪芬.也说"虫子不爬怎么办"——兼谈语文教学创新的两个视点[J].语文教学通讯·初中刊,2005(5).

l　黎雪芬.也谈《面朝大海,春暖花开》课堂实录[J].中学语文教学,2004(3).

第十单元
语文教学说课技能训练

◆ 训练导言

说课是语文教学过程中常见的活动,因其形式灵活、所费时间不多、不受空间和学生限制,成为教学比赛、教研活动、招聘选拔等场合中最常采用的重要形式。因此,说课也是教师需要掌握的一种重要的语文教学技能,它有利于教师提高理论素养与教学反思能力。

一般意义上的说课,是指教师在备课或上课的基础上,对相关教学内容的教学目标、教学设计、教学效果及其理论依据进行理性解说的过程,其目的在于让同行或专家了解自己的教学设计的意图、依据及对教学的理性思考。说课也是用以评价教学与设计意图是否相符、提高教师反思技能的有效方式。

对于中文专业的师范生而言,说课是在教师指导下,运用相关的教育理论知识进行备课,然后"对自己预想中的课堂教学进行科学合理的设计,表明设计依据,着重向同学和指导老师介绍说明自己教什么、如何教和为什么要这样教,最后接受指导老师和同学的分析评价,共同研究改进意见,以进一步完善该课的教学设计,提高课堂教学技能的一种操作性研究活动"[a]。

根据目的的不同,说课可以分为以下几种类型。

(一) 说课的类型

1. 汇报式说课

汇报式说课是最常见的说课类型,集体备课、教学研究、公开课前介绍、课后反思等场合的说课都属于汇报式说课,其目的在于解说自己的教学思考,让同行或领导理解,便于交流及指导。一般来说,课前说课是预设性的解说,要求稍微具体一些,特别是对教学内容和教学对象的解释要具体一些,让听课者了解背景,在听课时更好地理解和认同教学过程;课后说课则简要些,不需要再说教学过程,更侧重于对教学实施的验证和反思,重点在于教学设计的理念与依据的解说。

2. 示范式说课

示范式说课一般是由优秀教师通过说课,展示较为成熟的教学探索,或推广某一专题教学模式,多用于区域教研活动,其目的在于让听课教师借鉴、模仿。这类说课主要是提供范例供大家学习,对教学有指导意义,强调示范、引领作用。

3. 考核式说课

教学比赛、评优选拔乃至招聘等场合的说课都属于考核式说课,其目的在于通过教师的说课,比较优劣。考核式说课一般要求教师在有限的时间内,按照一定的要求,写出说课稿,然后当众讲述,由评委进行评比。这类说课更讲究创新与特色。

(二) 说课与授课的区别

说课与授课同样要以备课为基础,同样要体现教师对文本的解读、对学生情况的把握、对语言训练的落实,同样用述说的方式,同样要展示教师的教学技能,但两者又有明显的区别。

首先,对象与内容不同。授课是面对学生,内容以教师传授语文知识、进行语言运用技能训练为核心,重点解决教什么,强调教学过程;说课是面向同行或专家,内容以介绍、说明对教学内容的理解、对教学过程的思考为主,不仅要解决准备教什么和怎么教,还要明确为什么这样教。

其次,目的与要求不同。授课是为了把书本知识转化为学生的知识与能力,培养学生语文素养,教师教学行为上应表现出启发性、鼓励性,让学生易于理解、乐于接受、勇于探究。说课是为了向同行与专家展示教师对教学内容的确定、研究与设计,展示教学理念,要求更充分地表现出理论性、创新性与思辨性,以达到让同行认同、肯定、借鉴的目的。

再次,时间安排与环节不同。授课每节课是40—45分钟,从导入到最后的课堂总结,有相对明确的教学流程,要呈现完整的教学过程,而且有较明确的教学进度要求。说课则比较灵活,5—20分钟均可,不受时间、空间影响,也不受人员安排的影响,说课的环节有基本的要求,但更多情况下可以由说课者根据实际情况灵活调整、自由安排。

(三)说课的要求
说课形式比较灵活自由,但也有一定的要求。

1. 内容完整而简明

说课要呈现给同行或专家一个相对完整的教学设计、教学过程及充分的依据,因此内容要完整,应能让别人通过说课了解相关的内容:教什么、如何教和为什么教。另一方面,说课时间又是较短的,短则5—10分钟,长也不过20分钟,因此,内容在顾及完整的同时,更要注意简明,把教学设计的精华体现出来,枝节或不太重要的则可省略。

2. 理据充分而得当

说课与授课最大的不同就在于它更充分地体现了一定的理论性,要突显出教学者教学设计的理念、意图和理论依据。这不仅需要在说课过程中体现完整的教学思路,更要表达出清晰的教学理念,特别是支持教学设计的相关教学理论和教学思想。要注意的是,不能简单生硬地引用《语文课标标准》或教育理论,而是要具体阐述教育理论是如何指导教学者进行教学设计的。这也是说课最重要的要求。

3. 特色鲜明而有效

说课属于较高层次的教学研究范畴,教师在说课时要在遵循教学基本常规的基础上,对自己的教学经验进行总结提升,突出教法、学法中的特点;同时要把握教学改革的发展方向,吸收并运用教学改革中的新理念、新思维,注意发现新问题、提出新方法,说出与众不同的教学新意。这样的说课才富有创新性和启发性,能让听者受到启迪。

当然了,无论是备课还是说课,最终的目的都是为了授课,因此,教学设想、方案必须从学生的实际出发,切实可行,具有实用价值,否则就只是纸上谈兵了。

4. 详略分明而有序

说课形式较为灵活,但一般时间不长,常见的是10—20分钟,因此,说课要容量适当,条理清晰,层次分明,重点内容要明确具体。说课时应注意围绕教学目标确定、重点难点分析、整体教学设计以及教法特色等核心内容展开,侧重点主要是在对教学的设计和分析上,阐述时说理要透彻,分析要具有说服力。

另外,说课以"说"为主,因此语言要简练,详略要分明,重点要突出,让听者容易把握内容及特色,更好地理解和认同。

案例评析

《爸爸的花儿落了》说课稿

一、说教材

首先,《爸爸的花儿落了》是人教版七年级下册第一单元第2课,这一个单元主要是描写成长历程,要求学生整体把握文章内容,结合自己的体验体味文章情感,学习表达技巧;其次,这篇课文将记录眼前的事情与回忆过往的故事结合在一起,表达了爸爸对自己的深情,而主人公也在磨砺中成长了。

二、说学生

首先,经过一个学期对七年级上册课本的学习,初一学生基本能够通过阅读总体把握文章情感基调,对成长与人生也有一定的感悟;其次,学生与英子年龄相仿,符合心理发展少年期"同龄人间的认同大大增强"的特点,容易产生情感共鸣,能较好地理解课文中的情感。另一方面,这一阶段的孩子处于叛逆的初期,有时不懂得及时感恩,需要教师在课堂中加以引导。

本教学设计是面对中等层次的学生。

(点评:教材分析将课文放置到单元目标及要求中,学生分析也立足于单元教学里,既避免了单元内教学的割裂,又为后面教学目标的设计提供依据,同时,结合了教育心理学的相关理论对学生进行分析,为教学提供理论依据。由于在职教师对教材及学生均有所了解,所以此处并没有多说,只是提出了相关重点。)

三、说教学目标及重难点

《语文课程标准》要求,"阅读教学应引导学生钻研文本,在主动积极的思维和情感活动中,加深理解和体验",因此在确定教学目标时重点结合了"知识与能力、过程与方法、情感态度与价值观"三个方面,突出了文本钻研及情感体验。

目标确定如下:第一,积累"叮嘱""骊歌"等重点词句,品味学习文章生动、准确、传神的语言;第二,学习象征、插叙等手法的运用;第三,引导学生体会文中深沉的父爱,领悟成长的真正含义。

为落实以上教学目标,本课的教学重点是学习运用理清文章思路的方法来把握文章主旨,感受人与人之间的真情。而教学难点则是学习象征、插叙等手法。

(点评:教师由课标要求,联系到具体的教材及学生分析,再在此基础上设置教学目标,层次分明,逐层递进。在背景及教材、学生分析的基础上对应提出教学目标,并从三个维度出发,兼顾了工具性与人文性,目标设定较合理。)

四、说教法学法

教法上将采用讲授法、归纳学习法,并引导学生采用讨论学习法,同时借助多媒体课件和辅助板书来达成教学目标。

五、说教学流程(结合板书)

本课的教授将用两个课时完成。

第一个课时,设置为歌曲导入、掌握生词、整体感知、结构分析、情感体验五个环节。

首先,通过学生耳熟能详的歌曲《世上只有妈妈好》导入,并让学生通过自身故事转而明白"世上还有爸爸好",然后疏通生字词,并根据《语文课程标准》中的"具有独立阅读的能力,学会运用多种阅读方法",让学生对课文有整体的感知,让学生在自主阅读中感知全文。然后带领学生一起进行结构分析,此时,和学生一起边分析边完成第一课时的主板书。

眼前	毕业典礼见胸前夹竹桃	礼堂钟声响	主任讲话,我们唱骊歌	回家看到零落的花儿
回忆	医院探望爸爸(六年前赖床受罚)	爸爸爱花的情景	爸爸让她汇款给叔叔	意识到:自己已经长大了

并让学生在梳理的过程中形成初步的情感体验。

(点评:教师尊重学生的学习体验,让学生先有主观上的整体感知,再在此基础上与学生一同进行结构分析,从而让学生有更清晰的情感体验,做到了《语文课程标准》提出的"加强对学生阅读的指导、引领和点拨,但不以教师的分析来代替学生的阅读实践"。)

第二个课时,设置为回顾引入、技巧学习、情感升华、拓展阅读、情感交流和布置作业六个环节。

首先,带领学生回顾梳理文章情节时呈现第二课时的主板书,并与学生一起完成。

回顾完成后,可以看到,板书是以文中的夹竹桃花为背景的,花瓣的外围是"我"的故事,而内圈则是爸爸对应的行为。在这个回忆的基础上,引导学生进入第

二个环节：技巧学习，板书可以直观地呈现"花"在文中的线索作用，借助板书学生也容易理解；紧接着，通过表达父爱的简短诗歌引导学生拓展阅读，并让学生分享故事，一起交流情感，学会感恩；最后，在总结的基础上布置作业，完成"世上还有爸爸好"的作文提纲。

（点评：回顾导入是常见的方式，然而本设计的回顾导入将同样的故事情节放置到不同的板书中，并通过新板书引出下一个教学重点，实现了巧妙的转换。并在说课的过程中借助电脑媒体，将板书设计融入其中，既直观，又体现了设计的特色，达到较好的效果。但"说教学过程"稍显简略，应对其中较重点的环节适当展开。）

· 思考链接 ·

1. 根据这一说课稿，你能开展相关教学吗？
2. 在教学前说课和在教学后进行说课，会有什么不同呢？
3. 说课的过程中如何借助教学媒体达到更好的效果？

训练项目

项目一：撰写说课稿

说课可以说是介乎备课与讲课之间的一项活动，因此，它也具备了与备课、讲课相近的内容。说课包括了"说教材"、"说学情"、"说教学目标"、"说教法学法"和"说教学过程"等内容，撰写说课稿也要包括这些内容。

（一）说教材

对教材进行认真研读，是确定教学内容的重要依据。因此，说课首先要分析教材，表明教师对教材整体把握的情况。说教材一是为了明确教学内容的深度与广度，明确"教什么"；二是为了揭示教学内容中各项知识与技能的联系，为教学过程的设计奠定基础，知道"如何教"。

说教材包括分析教材的地位和作用，即课文在单元教学和整册教材乃至整个学段的地位，与其他课文的联系，以及教材编写的思路与结构特点。

示例：《短文两篇》的"说教材"

《短文两篇》是人教版七年级上册第一单元的第3课，这一单元的学习重点是体味人生，关爱生命。这是一篇自读课文，较好地体现了单元的学习重点，同时能让学生在学习了《在山的那边》和《走一步，再走一步》两篇课文的基础上，更加正确地认识生命的价值和意义。

《短文两篇》分别为小思的《蝉》以及席慕容的《贝壳》。两者都是由一个具体细小的物，引出抽象深刻的哲理，阐发了生命的意义，揭示了要以积极、认真的态度对待生命的道理。

（二）说学情

学生是学习的主体，学生的实际情况制约着语文课堂教学的开展，影响着教学目标的达成。学习不仅受学生原有的知识架构和能力水平的制约，而且还受学生的认知状况和学习兴趣等方面的影响。因此说课必须说清楚学生情况。

说学情可以从学生的"已知"、"未知"、"能知"、"想知"和"怎么知"等五个方面进行综合分析，学生的这些实际情况是教师因材施教的基础。

说学情要说清普遍性情况和特殊性情况。普遍性情况即某一阶段的学生的语文知识水平及语文能力，这是同一阶段学生所共有的；特殊性则是指具体到某一个层次、某一个班的学生情况，这是授课者要面对的学生所特有的。

示例：《土地的誓言》的"说学情"

经过小学及初一上学期的学习，初一下的学生具备了一定的感知能力，基本能够通过阅读总体把握文章的情感基调。同时，比起小学生，初一学生心智更成熟，对责任与爱国有一定的感悟，在引导帮助下可以更深层次地思考理性问题。

＊＊学校的学生基础扎实、思维活跃，因此在课堂中会尽量让学生参与到讨论与发言中。但是，学生距离作者所处的年代较远，加之学生的经历有限，较难产生共鸣，

因此要在课堂中多加引导,并创设更大的空间和更多的时间让学生自行感知。

(三) 说教学目标

教学目标是教学设计的出发点和落脚点,对教学活动具有很好的导向与制约作用。

说教学目标,一是要解说清楚教学目标是什么,即明确具体的教学目标有哪几点,如何体现知识与技能、过程与方法、情感态度与价值观三个维度;二是要解说教学目标确定的依据,即目标设定如何符合课标要求,切合学生实际情况;三是要解说教学目标的可达成度,即目标与教学过程的对应与落实。

示例:《竹影》的"说教学目标"b

1. 新课标要求学生"欣赏文学作品,能有自己的情感体验,初步领悟作品内涵,从中获得对自然、社会、人生的有益启示"。因此,我确立的"情感和态度"方面的目标是:领会艺术和美蕴涵在童稚的活动中,学会在生活中去发现、创造艺术的美;认识美在生活中无处不在。

2. 根据教材的知识构建特点,以及初一学生思维活跃的特点,确立"知识和能力"目标:体会文章表现的童真、童趣;初步了解中国画和西洋画的不同特点;培养学生的口头表达能力。

3. 新课程的课堂教学要求关注学生的个体差异和不同的学习要求,体现学生的主体性。我确立的"过程和方法"方面的目标是:在教师恰当的提示引导下,培养学生"自主、合作、探究"的学习方式,让语文课具有开放性。

(四) 说教法学法

采取恰当的教法学法,是落实教学目标的重要途径。因此,教师需要根据教材及学生的实际情况,明确课堂上将要采取的教法和学法,以及采用这些教学方法的理论依据和作用。

示例1:《竹影》

借助多媒体课件的教学手段,采用"激趣—感知—品读—欣赏—迁移"的教学模式,课前让学生查找收集资料。倡导教师从必要的牵引到放手,注重师生互动,运用"自主、合作、探究"的学习方式,构建师生间和谐、平等、互动的语文课堂。

示例2:《狼》

教法设想:根据对教材的分析、学情的分析,结合当前语文的教学理念,本文的教学可采用激趣法、诵读法、探究法、讨论法。

学法指导:在教学过程中,将采用自主、探究的学习方式,从两方面加以点拨和指导。第一,在诵读基础上,自主疏通课文时,让学生提出学习中的难词、难句,组织学生组内交流,组组交流,加以点拨,从中悟出规律方法。第二,针对学生对课文思想内容方面的疑难问题,组织课堂讨论,以培养学生的思辨能力,以达到进一步把握主题的目的。

(五)说教学过程

说课的目的仍然是为了更好地教学,因此,说教学过程是说课的重点。教学内容的处理、教学方法的选择、教学目标的达成,都是通过教学过程来实现的,而且,教学过程能具体地体现教师个人的教学思想与教育理念。

一般来说,说教学过程可包括说教学思路的设计及其依据、说教学重难点的处理、说各教学环节的时间分配、说板书设计四大方面。

示例:《短文两篇》的"说教学过程"

本课的教授时长为一个课时,将分为五个部分,分别是:生字词巩固、第一篇短文的学习、第二篇短文的学习、比较学习,以及总结与布置作业。

首先,基于××中学的学生基础较为薄弱的特点,即使是自读课,生字词的巩固这一环节仍旧不可缺少,因此,在课堂的开始将通过听写的方式检查学生对生字词的预习情况,当场解决遗留问题。

其次,第一篇短文"蝉"的学习,将采取学生耳熟能详的歌曲"宁夏"中的两句歌词"知了也睡了,安心地睡了,在我心里面,宁静的夏天"导入,引导学生感受夏天到来时蝉的聒噪声,并通过体会文中的重点词句和作者对蝉感情的变化,引导学生把握短文的主旨。

第三,第二篇短文"贝壳"的学习,将直接通过生命的联系过渡到新短文的教授,同样通过引导学生分析重点词句从而把握文章的主旨。理解文章主旨的难点在短文的最后一句话"这是一颗怎样固执又怎样简单的心啊!"。对这句话深层的解读是:"作者不希望建立叱咤风云的丰功伟业,她只想像那颗小小的贝壳,用仔细、精致、一丝不苟来塑造执著而美丽的形象,回馈生命,打动人们。"但这一解读对中等层次的学生是比较困难的,因此在本课的教学设计中,只要求学生能理解"做事要做得更好,发挥自己生命价值"这一层面,而这也正是第二篇短文的学习重点。

第四,对两篇文章进行对比,会引导学生从写法、主题等角度对两篇文章进行对比。

最后,是简短的总结并布置100字的随笔,让学生通过生活中细小的物感受生命的力量,并将其记录下来。

而关于这一课的板书设计,将以作者的感情为主线,通过文章的关键词分列开来,也为之后的两篇短文比较做铺垫。

·训练·
选择一篇课文,按说课的内容与要求,撰写说课稿。

项目二:说课训练
说课要求教师面向同行口头述说,心理压力会较大,同时对时间要求也比较高,因此要注意方法。

(一)说课要注意技巧运用
说课要注意语言运用的技巧、解说和议论的技巧。

说课以口头表达为主,因此特别要注意语言技巧的运用。跟授课相似,说课也要用教学的语言和沟通的语言,向听者表达教学重点与内容,通过沟通互相理解。同时,说课跟授课有所区别,说课的语言更像是演讲,讲究有条不紊,有感染力;应该是用理论的语言,显示出说课者对教学的理性思考;要用专业的语言,表现出能力水平与专业素养。

说课要恰当运用解说与议论的技巧。解说是说课的重要特征,解说包括解释和说明。解释就是对说课中的语文知识与技能、方法、训练等做出理论说明;说明就是说清楚说课内容"是什么"和"怎么样"。前者侧重于静态表述,常常运用概述法,即教师简要概括、勾勒的讲授方法,如说教材,教师说清楚教材的知识结构、教学重点、难点等。后者侧重于动态描述,常常以夹叙夹议的方法论述,如说教法、说教程等。说课中的理论含量越大,理论水平越高,说课的价值就越大。而运用议论则能对"为什么这样教"说得更清楚,显示教师理论阐发的能力。

(二)说课要注意节奏把握
说课要在规定时间内,把教学设计的整体呈现出来,而且又是借助口头语言,太快或太慢,都会影响听者对内容的理解和把握,达不到说课的目的,因此需要得当地把握好节奏。正如课堂教学一样,对节奏的把握与内容的重要与否有着密切关系。紧扣重点内容,繁简得当,逻辑严密,就能重点突出,给人鲜明印象。

(三)说课要注意情感表达
语文教学要注重情感,这种情感首先表现在备课环节,因此说课也要把教学设计中的情感表现出来。说课教师得当的情感表达能让听课者更好地投入到说课内容中,也能让听课者更好地理解教学设计要达到的效果。说课者表达情感的方法可以是:一方面通过饱含感情的语气语调,调动自己的情绪,感染听课者;另一方面,要在说课内容中,把自己准备在课堂教学上传达给学生的情感通过语言再现。

·训练·

以项目一训练所撰写的说课稿为蓝本,以小组为单位,进行说课实践训练。

项目三:说课评价

评价说课与评价听课一样,都是提高教师教学技能、促进教师加强教学反思的重要手段。说课评价要及时、客观,要从促进教师成长的角度进行。

说课评价的内容主要是评说课内容、评说课方法。评说课内容就是对说课者对课程标准的理解、对教材的把握、对学情的分析、对教学设计及依据的阐述是否得当、深入进行评价。评说课方法则是对说课者在说课过程中的表现,如技巧的运用、整体教学素养及现场效果等进行评价。

说课评价可以采用单一评价或比较评价的方法。单一评价就是对照一定的标准,对某一个说课者进行评价,这种方式常用于汇报式说课或示范式说课;比较评价就是对两个或两个以上的说课者进行比较,从而区分出差别、分出高低,这种方法多用于考核式说课。

·训练·

以小组为单位,对各人的说课实践进行评价。

注释

a 蔡伟.语文课堂教学技能训练[M].上海:华东师范大学出版社,2009.
b 周勇,等.新课程说课、听课与评课[M].北京:教育科学出版社,2006.

本章参考资料

[1] 方贤忠.如何说课[M].上海:华东师范大学出版社,2008.
[2] 顾存根,郭裕源.初中语文说课稿精选[M].宁波:宁波出版社,2002.
[3] 林中伟.基础教育教学基本功·中学语文卷[M].北京:首都师范大学出版社,2009.
[4] 王相文,王松泉,韩雪屏.语文课程教学技能[M].北京:高等教育出版社,2007.

附 录

关于印发《高等师范学校学生的教师职业技能训练大纲(试行)》的通知

各高等师范学校：

为了加强高等师范学校学生的教师职业技能训练，我委师范司于1993年印发了《高等师范学校学生的教师职业技能训练基本要求》，在《基本要求》试行过程中，许多学校提出希望国家教委组织制定一个大纲，提出详细的规范化要求。为此，我们委托首都师范大学起草了《高等师范学校学生的教师职业技能训练大纲》，并请有关专家进行审定，现将《高等师范学校学生的教师职业技能训练大纲(试行)》发给你们，请结合各校实际，贯彻执行。

附件

高等师范学校学生的教师职业技能训练大纲(试行)，本大纲适用于高等师范学校，是对学生进行教师职业基本技能训练的依据。高等师范学校学生的教师职业技能训练内容包括讲普通话和口语表达、书写规范汉字和书面表达、教学工作、班主任工作技能等四部分。它是高等师范学校各专业的学生都应具备的，是学生必修的内容。对高等师范学校在校学生有目的、有计划地进行系统的教师职业技能训练，目的是引导学生将专业知识和教育学、心理学的理论与方法转化为具体从师任教的职业行为方式，并使之趋于规范化，对于形成学生教育和教学能力；对于学生毕业后胜任教师工作都具有重要的作用。本大纲在教师职业技能训练的各部分内容中，都提出了明确的训练目的、训练内容以及训练建议和考核要求。在实施训练中可根据各部分训练内容的特点，进行合理地安排，以形成系统的、各部分之间有机联系的训练。对学生进行教师职业技能训练应在理论的指导下加强实践环节，指导教师要在精讲有关职业技能的基本知识、组成要素和操作程序的基础上，重点指导学生进行系统地实践，使学生在实践中不断改善、不断趋于整体协调和完善，以获得稳定的教师职业技能。大纲提出了训练中的讲授与实践的学时比例为

1:2。在教师职业技能训练中,要制作和充分利用声像等多种媒体,对学生进行各种教师职业技能的示范定向,及时反馈训练效果。重视调动学生参加教师职业技能训练的积极性,让学生积极主动地投入训练。

本大纲是根据国家教委师范司颁发的《关于印发〈高等师范学校学生的教师职业技能训练基本要求〉(试行稿)的通知》制定的。

第一部分
讲普通话和口语表达技能训练
说明

高等师范学校是国家推广普通话的重点之一,普通话是教师的职业语言,用普通话进行教育教学工作是合格教师的必备条件,因此高等师范学校学生必须讲普通话,并按国家主管部门制定的《普通话水平测试标准》的要求通过测试。教师的教育和教学工作都要求很强的口语表达能力,因此对高等师范学校学生进行专门的口语训练并且提出较高的要求,是十分必要的。应当逐步扭转对口语重视不够的偏向。讲普通话的技能是口语表达技能的基础,讲普通话没有达到一定的水平,无法进行口语表达技能的训练。在口语表达技能训练中,能够进一步提高讲普通话的水平。讲普通话达到要求的,可重点进行口语表达技能的训练。这两项技能训练应当安排在一年级。考核办法:按《普通话水平测试标准》普遍进行测试,合格者发给证书。口语表达的考核由任课教师或校内专门机构负责,主要考核朗读和讲演(或讲课)两项,但不得用教育实习替代。成绩分为优秀、良好、及格、不及格四等。

一、讲普通话技能的训练

(一) 训练目的

对高等师范学生的普通话训练,一般应当达到国家主管部门制定的《普通话水平测试标准》的二级,即能用比较标准的普通话进行朗读、讲课和交谈。对中文专业学生的要求:北方方言区一般应达到一级,南方方言区达到二级中等。

(二) 训练内容

1. 树立或加强推普意识:了解普通话的形成,了解推普的重要意义,了解国家推普的方针、政策和任务。

2. 了解发音器官、发音部位和发音方法；掌握好《汉语拼音方案》；掌握普通话的声母、韵母、声调，掌握变调、轻声、儿化等。

3. 熟练掌握现代汉语3500常用字所组词语的标准读音，学习《汉语拼音正词法基本规则》，能直呼音节，正确拼写汉语词语。

4. 用普通话朗读、对话。

5. 了解本地方言语音与普通话语音的主要差别和对应规律，能进行方音辨正。

6. 了解本地方言的词汇、语法与普通话的主要区别，能进行本地方言词汇、语法辨正。

（三）训练建议

1. 要给学生准备学习普通话的材料，准备学习普通话的音像资料，供学生上课或自学使用。建立普通话学习中心，学生在这里可以看到资料，得到指导。

2. 创造条件开设国家教委要求开设的"教师口语"课程。

3. 按国家主管部门制定的《普通话水平测试标准》对新生普遍进行测试，达到二级者发给证书，不达标者参加学习班学习和训练。学校主要是办"普通话二级达标班"，也可办提高班。

4. "普通话二级达标班"每个系根据需要开设若干班。每班学生人数以十几个为宜，以便教师指导练习。

5. "普通话二级达标班"的教师（专职或兼职）如人手不够，可由中文系高年级学生经过培训后承担。

二、口语表达技能训练

（一）训练目的

对高等师范学校学生口语表达技能训练的目的是：有较强的朗读、讲演和讲话能力，口语表达做到清晰、正确、得体，掌握教学、教育、交谈的口语特点，力求做到科学、简明、生动，具有启发性。

(二) 训练内容

1. 朗读

(1) 朗读是口语训练的重要途径。

(2) 朗读的要求：正确、清楚、流畅；恰当而充分地表达思想感情。

(3) 朗读的准备：熟悉内容，明确目的，了解对象。

(4) 朗读的技能：吐字归音、重音、停连、语调、节奏等，朗读与朗诵的区别与联系。

(5) 要求熟读诗2—3篇，基本达到朗读的各项要求。

2. 讲演

(1) 讲演的特点和作用。

(2) 讲演的要求。

(3) 讲演的准备：选好讲演内容——自己熟悉，听者关注；了解听众，加强针对性。写好讲稿——观点明确，材料丰富，逻辑严密，语言准确、生动；进行充分的练习、准备，增强自信心。

(4) 讲演的技能：开头与结尾，突出重点，显示条理，临场应变，适当的手势、表情、姿态。

(5) 做讲演2—3次，基本达到讲演的各项要求。

3. 交谈

(1) 交谈的特点与要求。

(2) 交谈的种类（偶然性的或约会性的，拜访性的或采访性的，电话或其他）及其技能。

4. 教学口语

(1) 教学口语的特点与要求。

(2) 教学口语的种类（复述、描述、概述、评述、解说等）及其技能。

5. 教育口语
(1) 教育口语的特点与要求。
(2) 教育口语的种类(说服、评论,指导等)及其技能。

(三) 训练建议

1. 创造条件,开设国家教委要求开设的"教师口语"课程。
2. 购置或制作朗读、讲演、交谈、教学口语、教育口语等音像资料,供教学使用。
3. 由学生会、共青团或其他社团经常组织学生进行朗诵比赛、讲演比赛,各班级也要经常组织。对朗诵和讲演好的优秀学生要给予奖励。还可以组织讲演团、朗诵团、话剧团等,学校要给予支持。
4. 各专业的教学法课要讲授教学、教育语言的运用问题。
5. 教育实习期间,指导教师要注意培养和考查实习生的口语表达能力。

第二部分
书写规范汉字和书面表达技能的训练
说明

汉字是记录汉语、传递信息的重要工具,也是教师教育工作的重要工具。国家对现行汉字已经确定了统一的规范和标准,教师应当掌握这个规范和标准。是否能写一笔规范的好字(或比较好的字),直接关系到教育教学效果和教师的威信,因此对高等师范学校学生应进行书写规范汉字的训练,提高书写规范汉字的水平。文科各系需要阅读繁体字书籍的,可引导学生通过查字表或字典自行掌握,不必也不宜为此进行教学和训练。为了胜任教师工作,还应当教育高等师范学校学生注意书面语言的表达,进行有关训练,使他们养成良好的写作习惯,提高写作水平。

对高等师范学校学生进一步加强规范汉字、书写技能和书面表达这三项技能的训练是很有必要的,但是这些任务相当困难而且容易被忽略。这三项技能在原有基础上能不能提高,关键在于学习的态度是否认真,思想上重视了才谈得上技能的提高。因此训练中要坚持思想教育和技能训练并举。这三项技能的训练应当从一年级开始。

考核办法:与其他课程一样,按学籍管理办法的有关条文进行。评定成绩分为优良、良好、及格、不及格四等。也可组织全校语言文字基本功考核。

一、掌握规范汉字的训练

(一) 训练目的

教育高等师范学校学生树立用字要规范的意识,训练他们写字规范正确,笔画清楚,要掌握好 3,500 常用字,自觉纠正错别字。

(二) 训练内容

1. 了解国家语言文字工作的方针、政策,掌握汉字的规范标准。
(1) 巩固汉字简化成果,坚持汉字简化方向。
(2) 汉字规范的重要意义。什么是规范汉字,什么是不规范汉字。
(3) 教师把汉字写得规范正确的重要意义。
2. 掌握好现代汉语常用字。
(1) 掌握常用字的笔画、笔顺和字形结构。
(2) 掌握《简化字总表》中的简化字。
(3) 会读、会写、会用《现代汉语常用字表》中所收的 3,500 字。
(4) 自觉纠正错别字,掌握容易读错的字、容易写错的字、容易写别的字、多音多义字。

(三) 训练建议

1. 给学生提供规范汉字的学习、练习资料,有关的音像资料。
2. 学校内要创造使用规范汉字的环境和氛围,学校教师要以身作则,各科教师要齐抓共管,如各科教师对学生作业、论文、实习教案中的错别字和不规范字都要给予纠正。

二、书写技能的训练

(一) 训练目的

对高师学生加强书写技能的训练,主要是进一步培养良好的书写习惯,纠正已经形成的不良书写习惯。这是一个相当繁难的任务。考虑到现实情况,训练目的定为:以提高硬笔楷书的书写技能为主,兼顾行书;提倡写好毛笔字。这里所指书写技能,不是书法艺术。

(二)训练内容
1. 教师掌握书写技能的重要性。
2. 对教师书写技能的要求:笔画清楚,正确规范,熟练有力,匀称美观。
3. 掌握执笔、运笔的方法,纠正不正确动作和姿势。
4. 汉字笔画的书写,间架结构的安排。纠正有关的书写毛病。
5. 掌握书写款式:卷面干净,留有天地,布局恰当,行款整齐。
6. 掌握选帖、读帖和临摹的基本知识和要领,培养对书法作品的鉴赏能力。

(三)训练建议
1. 给学生提供书法学习的练习资料和有关音像资料。
2. 举办多种多样的有关书法的课外活动,如观摩、展览、比赛等等,鼓励学生把字写好。

三、常用文体写作技能的训练

(一)训练目的
训练高等师范学校学生掌握教师常用文体的写作技能,所写文章内容符合文体要求,语言得体,语句通顺,标点符号正确无误。

(二)训练内容
1. 掌握工作计划、工作总结、申请报告、调查报告、各类信函等常用文体的写作知识(包括行款格式)和技能。
2. 学习范文,并习作若干篇。
3. 掌握常见语病的类型和改正方法。
4. 进一步掌握标点符号用法,纠正容易出现的错误。

(三)训练建议
1. 给学生提供有关常用文体写作技能的学习、练习资料(包括范文和误例)。
2. 各科教师对学生的书面表达要齐抓共管,对学生作业、论文、实习教案等都严格要求,发现问题要给予指正,要讲评,要作为评分的标准之一。

第三部分
教学工作技能训练
说明

  教学工作技能训练系指教师备课、上课、批改作业和评定成绩等教学环节所必备的技能训练。教学工作技能是高等师范学校学生的教师职业技能的重要组成部分,是师范生提高从师任教素质的必修内容。进行教学工作技能训练是师范教育改革的重方面。教学工作技能是教师运用专业知识和教学理论进行教学设计、使用教学媒体、编制教学软件、组织课内外教学活动和进行教学研究等所采取的一系列教学行为方式。教学工作技能训练是在教育学、心理学和学科教育理论的指导下,以专业知识为基础进行的教学基本技能训练,是理论联系实际的实践活动。其主要内容包括进行教学设计的技能,使用教学媒体和编制教学软件的技能,课堂教学的技能,设计和批改作业的技能,组织和指导学科课外活动的技能及教学研究的技能。

  教学工作技能训练是实践性的教学活动。在进行教学技能训练的过程中,要利用多种形式充分调动学生的积极性,参加实践、讨论、评论等活动,使其掌握教学基本技能。为了便于学生对各项教学技能的感知和理解,要提供必要的录像示范或直接示范。在实践过程中应使用声像设备对其实践过程进行记录和反馈,使学生的教学技能不断改善和趋于稳定。各校对学生进行教学工作技能训练可采取多种形式,有计划、有步骤地开展工作。

  在训练过程中采取定性与定量相结合的评价方法,定性评价指出优缺点以便改进,定量评价是给出量化结果以记入成绩。为此,首先要制定每项教学技能的评价标准,训练时由学生自己根据标准进行评价,作为平时训练成绩、占总考核成绩的40%。单项教学技能训练结束后进行教学技能综合训练,由指导教师评价,占总考核成绩的60%。

一、教学设计技能的训练

(一) 训练目的

  理解教学设计的概念,了解教学设计的方法,通过训练掌握制定教学目标、分析和处理教材、了解学生、制定教学策略、制订教学计划和编写教案的方法。能结合学科特点设计和批改学生作业,课后能评价自己和别人的教学。

(二) 训练内容

1. 概念：教师在备课过程中，用系统的方法把各种教学资源有机地组织起来，对教学过程中相互联系的各个部分的安排作出整体计划，建立一个分析和研究的方法，制定解决问题的步骤，对预期的结果进行分析。

2. 制定教学目标：了解教学目标的类别，掌握制定教学目标的方法和要求，重点掌握制定课堂教学目标的方法。

3. 分析和处理教材：通过训练初步学会分析教材的方法，能围绕教学目标组织和处理教材。

4. 了解学生：了解学生学习的特点，掌握分析学生学习的方法。

5. 制定教学策略：能根据教学目标、教学内容和学生实际选择教学媒体，其中包括：教学内容与媒体选择；学生特点与媒体选择；媒体的教学特性与选择，媒体的价值与选择；将各种媒体有机地结合，设计课堂教学活动。

6. 制订教学计划和编写教案：了解教学计划和教案的结构和要求，掌握制订教学计划和编写教案的方法，通过训练能写出合乎要求的教学计划和教案。

7. 作业的类型和设计：了解本学科学生作业的类型及设计的方法，能根据教学的需要选择和设计作业的内容。

8. 学习评价：了解学习评价的依据和标准，通过训练掌握学习评价的方法。

(三) 训练建议

1. 如果在教材教法等课程中已有此内容，可结合教材教法课进行训练。2、3、5、7的内容可作为训练的重点。

2. 可选择中学某节教材的教学内容训练学生制订教学目标、分析处理教材和编写教案，并分组讨论相互交流。

3. 设计和批改作业的训练，可选择中学教材的某节内容让学生设计练习题，也可组织学生分析教材上的习题，搜集其他练习题，通过讨论和研究建立小题库。

二、使用教学媒体技能的训练

(一) 训练目的

使学生了解教学媒体的种类和功能，掌握现代教学媒体的使用方法及常用软件编制的方法。能根据教学内容和学生的特点选择、使用教学媒体,设计制作教学所需的教学软件及简易教具。

(二) 训练内容

1. 概念:教师在进行教学设计和课堂教学中。根据教学内容和学生的特点设计、选择、使用教学媒体的行为方式。
2. 教学媒体及其教学特性。
(1) 常规教学媒体及其教学特性:图书、实物、标本、模型、图画、挂图。
(2) 现代教学媒体及其教学特性:投影、幻灯、录音、电视与录像、计算机。
3. 简易教具的制作方法。
4. 教学软件的编制与使用;投影片的种类和制作,录音教材制作;幻灯、电视录像教材和计算机辅助教学软件的应用。
5. 将各种媒体有机组合。

(三) 训练建议

1. 在训练内容中常规媒体与现代教学媒体并重。
2. 教学软件的编制以投影片的制作为主。
3. 在现代教学媒体的使用、制作训练中可请电教教师协助教学。

三、课堂教学技能的训练

(一) 训练目的

使学生了解课堂教学中基本教学技能的类型,理解各项基本教学技能的概念。掌握各项教学技能的执行程序和要求,通过训练能根据教学任务和中学生的特点把教学技能应用于教学实践。

(二) 训练内容

1. 导入技能

(1) 概念:导入是在新的教学内容或活动开始时,教师引导学生进入学习的行为方式。

(2) 导入的类型：直接导入；旧知识导入；生动实例导入；直观教具导入；故事导入；问题导入；实验导入等。

(3) 导入的程序：集中注意……引起兴趣激发思维……明确目的……进入学习课题。

(4) 导入的要求：针对教学内容和学生的特点，导入目的明确；能引起学生兴趣，有启发性；导入与新知识联系紧密，进入课题自然合理。

2. 板书板画技能

(1) 概念：是教师利用黑板以凝练的文字语言和图表等形式，传递教学信息的行为方式。

(2) 板书板画的类型：提纲式；语词式，表格式；线索式；图示式，示意图，简笔画等。

(3) 板书板画的要求：书写规范迅速，示范性强；条理清晰，布局合理；形式多样，启发思维；文字、图表科学准确；板画简单明了，形象生动。

3. 演示技能

(1) 概念：教师根据教学内容特点和学生学习的需要，运用各种教学媒体把事物的形态、结构或变化过程等内容展示出来，指导学生理解和掌握知识、传递教学信息的行为方式。

(2) 演示的类型：实物、标本、模型的演示；挂图的演示，幻灯、投影的演示；电视的演示和课堂实验的演示。

(3) 演示的程序：心理准备……出示演示物……对演示物说明……讲解总结……核查学生理解。

(4) 演示的要求：对演示物精心选择；演示前提出问题和观察重点；演示时要指导学生观察，充分感知；多种媒体相互配合，综合利用；演示后及时总结，明确观察结果。

4. 讲解技能

(1) 概念：教师利用语言及各种教学媒体引导学生理解重要事实，形成概念、原理、规律、法则等行为方式。

(2) 讲解的类型：事实性知识的讲解，抽象性知识的讲解。

(3) 讲解的程序：

事实性知识的讲解：提出问题叙述事实,提示要点核查理解。

抽象性知识的讲解：

归纳法：提供感性材料……指导分析……综合概括巩固深化。演绎法：提出概念……阐明术语……举出实例(正、反例)……巩固深化。

(4) 讲解的要求：明确目标、重点突出；运用丰富的实例(正、反例)，联系已学过知识，引导学生分析概括，培养学习方法；及时巩固、应用，理论联系实际。

5. 提问技能

(1) 概念：教师以提出问题的形式,通过师生的相互作用,检查学习、促进思维、巩固知识、运用知识、促进学生学习的行为方式。

(2) 提问的类型：回忆提问；理解提问；运用提问；分析提问；综合提问；评价提问。

(3) 提问的程序：引入阶段……陈述阶段……介入阶段……评价阶段。

(4) 提问的要求：设计多种水平的问题；问题重点突出，简明易懂，把握提问时机，给予启发和引导；给予分析和评价。

6. 反馈和强化技能

(1) 概念：反馈是教师传出教学信息后,从学生那里取得对有关信息反应的行为方式。强化则是教师通过各种方法促进和增强学生的某一行为变化朝更好方向发展的行为方式。

(2) 反馈的类型：课堂观察；课堂提问；课堂考查；实践操作。

(3) 强化的类型：语言强化，符号(标志)强化，动作强化，活动强化。

(4) 反馈和强化的要求：反馈及时准确,强化恰到好处；反馈形式灵活多样；强化方式适合学生特点,发现学生的微小进步,强化以表扬为主。

7. 结束技能

(1) 概念：是在完成一个教学内容或活动时,教师对知识进行归纳总结,使学生所学知识形成系统,转化升华的行为方式。

(2) 结束的类型：归纳式；比较式；活动式；练习式；拓展延伸式。

(3) 结束的程序：简单回忆 提示要点……巩固练习或拓展延伸。

(4) 结束的要求：明确教学重点,提示知识要点；形成知识系统,使学生理解升

华;及时巩固,强化学习;结束形式多样,增强学生兴趣。

8. 组织教学技能

(1) 概念:是在课堂教学中教师不断组织学生的注意,管理纪律,引导学习,建立和谐的教学环境,指导学生进行学习的行为方式。

(2) 组织的类型:管理性组织;指导性组织;诱导性组织。

(3) 组织的要求:明确目的,教书育人;了解学生,尊重学生;重视集体,形成风气;灵活应变,因势利导。

9. 变化技能

(1) 概念:是教师利用表情、动作等身态语,辅助口头语言传递教学信息和表达情感的行为方式。

(2) 变化的类型:动作变化;表情变化;眼神变化;声调变化。

(3) 变化的要求:根据教学内容和学生的特点确定变化的类型;每一种类型的应用要有助于组织学生的注意和传递教学信息;变化技能的应用要合理适度。

10. 教学技能综合训练

综合运用以上几种教学技能进行训练。

(三) 训练建议

1. 训练的方法主要采用微型教学的方法。注意提供必要的示范,有条件的学校要应用现代教学手段提供声像反馈,以获得更好的训练效果。

2. 根据学生情况,训练要有重点,技能的分别训练与综合实践相结合。

四、组织和指导学科课外活动技能的训练

(一) 训练目的

使学生了解学科课外活动的特点、方法、组织形式及活动方案的设计,能组织和指导与本学科教学有关的课外活动。

(二) 训练内容

1. 概念：是教师根据学生的特点及培养学生能力的要求，组织、指导学生开展有关学科课外活动的教学行为方式。

2. 学科课外活动的类型：课外兴趣小组；科技知识竞赛；读书报告会；小论文和小制作比赛；参观；调查等。

3. 学科课外活动常用的方法：观察和调查；实验和实践；讨论和评议；制作和创作。

4. 学科课外活动方案的设计：了解活动方案的构成和活动方案设计的方法。

5. 学科课外活动内容选择的要求：活动目的明确,有利于人才培养；活动内容的选择要适合青少年的特点；课内课外知识有机结合；教师具有辅导能力。

(三) 训练建议

组织学生开展学科课外活动，由学生自己设计方案、执行方案，从而得到训练。训练活动也可结合教育实习进行。

五、教学研究技能的训练

(一) 训练目的

使学生了解教学研究的方法、能初步运用本专业知识的教育学、心理学原理进行教学研究，探索教学改革，提高教学质量。

(二) 训练内容

1. 概念：是初步运用教学理论进行教学研究设计、资料搜集与统计处理、撰写论文的行为方式。

2. 教学研究课题的选择：了解教学研究课题；课题选择的方法及如何制定研究计划。

3. 教学研究的方法：调查研究；观察研究；实验研究；比较研究。

4. 研究资料的统计和分析：掌握统计描述的基本方法，了解统计检验的适用范围。

5. 研究论文撰写的方法：了解科研论文的结构和撰写科研论文的要求。

(三）训练建议

1. 此项教学技能训练可结合教学提出研究课题，在教师的指导下由学生自己设计研究方案、搜集资料、统计分析、写出研究报告。
2. 结合教育实习中的教育调查或毕业论文进行训练。

第四部分
班主任工作技能训练
说明

班主任工作技能训练是高等师范学校学生的教师职业技能训练的重要组成部分，掌握班主任工作技能是师范生成为合格的中学教师的必备条件之一。因此，加强师范生的班主任工作技能训练，是高等师范学校教育教学工作不可缺少的内容。班主任工作技能训练系指"中学班级管理，对学生进行思想品德教育和组织指导学生进行课外活动等方面的技能训练。"它是以教育学、心理学等学科的基本理论为指导、理论与实践相结合的教学实践活动。班主任工作技能主要包括：集体教育的技能、个体教育的技能、与任课教师和学生家长沟通的技能。在对学生进行技能训练的过程中，既要做到有组织、有计划、有措施，又要注意调动学生参加训练的主动性和积极性，使训练达到预期效果。此项训练应有考核。考核可采取定性评价与综合考试相结合的方式。定性评价是指出学生在某项训练中的优缺点，以利于提高，综合考试则是根据训练的内容，对学生应掌握的技能进行全面测试，以检验训练的效果。为此，各校应将班主任工作技能进行分类，逐类加以训练。根据学生的实际状况和所应达到的要求，制订出考核标准。在训练的基础上，对学生进行考核，并将其成绩记入学习档案。

一、集体教育技能的训练

（一）训练目的

了解建设班集体的几个重要环节，掌握组建班集体的主要方法；了解在中学开展各种活动的形式和内容，并能实际组织各种活动；了解中学生日常行为规范的基本要求，掌握对其训练的一般方法。

(二) 训练内容

1. 组建班集体的技能

(1) 制订班级工作计划：包括学期计划、阶段计划、月计划、周计划和具体活动计划。每项计划包括：工作内容、时间安排、实施方案以及应该注意的问题等。

(2) 确立班级奋斗目标：包括近期目标、中期目标和长期目标。

(3) 选拔、培养和使用学生干部：学生干部选拔的基本方式是民主选举；培养的方法是在实际工作中指导；使用的方法是支持、鼓励、发挥特长。

(4) 协调好正式群体与非正式群体的关系。

(5) 培养优良班风：正确运用表扬、批评、奖励、惩罚等教育手段，形成正确的舆论导向，通过活动形成学生正确的是非观念和集体荣誉感，严格管理、严格要求，使学生养成良好的行为习惯，促进优良班风的形成。

(6) 组织与指导班会和团队活动：

第一，了解班会的类型：日常班会和主题班会；掌握组织与指导班会的基本步骤。

第二，帮助团支部或少先队制订工作计划，指导他们开展好各项活动，协助团组织和少先队组织正确地进行组织发展工作。

2. 组织各种活动的技能

(1) 组织和指导中学生参加课外活动：

第一，课外活动的种类，主要有科技活动、文学艺术活动和体育活动。

第二，课外活动的形式，可以分为全班性的集体活动、小组活动、个人活动。

第三，课外活动的要求：坚持自愿的原则，鼓励和发挥学生的独立性与创造性，班主任应具有科技、音乐、美术、体育等某方面的基本知识和基本技能，如：对音乐、美术作品的鉴赏知识，识谱，合唱指挥和简单绘画（包括会写美术字，能够设计和画黑板报、墙报），某种体育项目比赛的裁判方法，队列训练的方法，科技小制作等等。

(2) 组织和指导中学生参加社会实践：

第一，社会实践的主要形式：到工矿、农村、部队、学校进行社会考察、体验生活、参加劳动、军事训练，也包括走访各类典型人物。

第二，组织和指导社会实践的要求：必须具有明确的目的性和针对性；要掌握

组织社会实践的方法：选择实践场所，联系有关单位。做好实践活动前的具体准备工作，在偶发事件发生的时候，能够妥善地进行处理。

(3) 组织和指导中学生参加校内外其他集体活动：活动的内容主要是指日常思想教育活动和各种社会公益活动；组织这类活动，必须要根据学生的思想热点或带有倾向性的问题来确定活动的主题，并根据内容选好活动的形式，同时，引导学生积极参与，使活动的过程成为学生接受教育的过程。

3．对学生进行日常行为规范训练的技能

(1) 中学生日常行为规范的内容：自尊自爱，注重仪表，真诚友爱，遵规守纪，勤奋学习，勤劳俭朴，孝敬父母，遵守公德，严于律己。

(2) 中学生日常行为规范训练的要求：既要有共性教育，又要针对不同学生的特点，采取不同的训练方法，因人施教；上述几种训练方法既可单独使用，又可综合使用。

(三) 训练建议

1．组织师范生观看班主任工作的录像片，使他们对如何组建班集体和怎样开展集体教育，有一个基本的认识。

2．向师范生推荐班主任工作方面的读物，并开展阅读、书评、演讲等教育活动。

3．根据师范生的需要，开设科技、音乐、美术、体育等方面的知识讲座。

4．就班集体建设中的某些问题走访、信访优秀班主任，或请他们来校讲课、座谈。

5．在见习或实习期间，观摩1—2项中学班主任组织的活动，并且提出自己的活动设想，在实习中，将"组织活动"列入计划，并且评定成绩。

6．根据目前中学生的思想热点，设计并模拟一次主题班会。

7．在实习中，师范生参与班级行为规范训练计划的制订，并根据中学生存在的某些问题制定教育实施方案。

二、个体教育技能的训练

(一) 训练目的

了解学生个体思想和心理变化的特点，掌握对他们进行教育的几种主要方式方法。

(二) 训练内容

1. 了解学生的技能

(1) 观察学生：观察的形式可分为自然状态下观察和特定条件下观察两种；要根据观察的内容确定观察的形式；班主任对观察到的第一手资料，要随时记录下来，并将有价值的信息分门别类地建立学生情况卡片，定期进行整理分析，从中寻找带有普遍性和规律性的东西，使对学生的教育更具有针对性。

(2) 与学生谈话：谈话的形式可分为正式和非正式谈话两种；谈话前要做好充分的准备；掌握谈话的方法；谈话后要对学生进行观察，检验谈话的效果；运用谈话法还可以与其他教育方法相结合。

(3) 分析书面材料：包括学生填写的各种表格，学籍卡片、日记、周记、入团申请书，班主任的操行评定、班级日志、班级荣誉册等等。

分析方法：系统分析法或数理统计法。

(4) 调查访问：具体形式有个别交谈、座谈会、书信往来、家访、请访问对象来校参加活动、问卷调查等。调查访问力求做到实事求是，全面深入，对所了解到的情况要进行认真、客观的分析和研究，排除人为的因素，以便对学生个体或群体做出公正、准确的判断与评价。

2. 心理咨询的技能

(1) 了解中学生的生理和心理特点以及心理障碍产生的原因。
(2) 掌握心理咨询的主要方法和技术。
(3) 在对学生进行心理咨询的过程中，要与其他教育方法相结合。

3. 操行评定的技能

(1) 操行评定的时间：一般可分为期末评定和毕业鉴定。
(2) 操行评定的内容：期末评定和毕业鉴定力求全面地对学生德智体美劳几方面的状况作出公正的评价，并提出今后的努力方向，以激励学生发扬优点，克服缺点，争取更大的进步。
(3) 操行评定的方法：学生自评、互评、小组鉴定、班主任评定。

4. 处理偶发事件的技能

（1）了解偶发事件的特点。

（2）掌握处理偶发事件的一般方法。

(三) 训练建议

1．开设青少年教育学、心理学知识讲座，为师范生从教打好理论基础。

2．模拟训练：假设某学生的情况、特点，组织师范生对其进行模拟谈话、心理咨询和操行评定；假设一个偶发事件，请师范生对此提出处理方法。

3．在实习中，选择几个不同类型的学生，作为谈话对象，实施谈话的准备、谈话的过程和谈话后的工作等环节。

4．针对目前中学生存在的思想困惑和心理变化趋势，设计一份调查问卷，或实地调查，将收集到的信息作一分析，并写出分析报告。

5．在班级中，开展"一句话评语"的活动，即学生之间以一句格言或谚语的形式，互相评价、提醒、激励。通过这种活动，使师范生掌握这种评语的特点，并学会组织这种活动。

三、与任课教师、学生家长沟通技能的训练

(一) 训练目的

了解班主任与任课教师、学生家长关系的基本特点和相互配合的教育意义；掌握与其沟通的几种主要方法，努力获得任课教师和家长对班主任工作的支持。

(二) 训练内容

1. 与任课教师的沟通

（1）主动向任课教师介绍班中学生的基本状况，向学生介绍任课教师的教学情况。

（2）定期邀请任课教师座谈，交流学生的听课及学习情况，帮助任课教师解决问题；听取教师对班级工作的意见和建议。

（3）邀请任课教师参加班级活动，增加师生之间的相互了解和加深感情。

2. 与学生家长的沟通

(1) 家访：明确家访的目的，订好家访的计划，了解家长的个性特点，做好与家长谈话的各项准备工作；考虑可能出现的问题和家访后应做的工作。

(2) 信访：

第一，信访内容的设计。

第二，信访的要求：用词准确诚恳；字迹认真工整；要体现出对家长的尊重和希望家长配合的态度。

(3) 家长会：

第一，规模：全体学生的家长会和部分学生的家长会。

第二，形式：座谈会、汇报会、家长委员会。

第三，时间：开学初、期中考试后、学期结束前。

第四，家长会的准备工作：确定会议的主题、收集各种资料、预先通知家长、构思发言等等。

第五，家长会后的工作：针对学生的表现，及时与家长取得联系；激励和表扬学生的进步。

(三) 训练建议

1. 在师范生之间开展模拟训练：假设某班学生的基本状况，以班主任的身份向任课教师做介绍；模拟家访。将两种模拟实况录像在学生中开展讲评活动。

2. 走访优秀班主任，请他们介绍与任课教师和家长沟通的经验、体会以及应注意的问题。

3. 在实习期间，如有条件，可参加中学班主任的家访，以取得家访的实际经验。

后　　记

　　这本书的完稿是我们广东部分高校十一位语文教学法老师共同努力的结果。他们接到这个撰写任务后，在教学和科研任务极其繁忙的情况下立刻抽出时间来撰写了此稿，在这本书出版之际特向他们表示感谢！这里需要特别感谢黎雪芬老师，她在临近退休的最后时刻，还积极参与此书的撰写，从她所写的稿子的字里行间，我们可以感受到她对语文教学法这个专业所寄予的热情和希望。本书在策划和撰写过程中，得到了华南师范大学文学院柯汉琳院长和谢飘云、陈少华副院长等的大力支持，在此也特向他们致以衷心的感谢！

　　本书各单元的撰写分工如下：
　　第一单元：语文课堂教学言语技能训练　　（周小蓬　华南师范大学文学院）
　　第二单元：语文课堂教学组织技能训练　　（欧志华　广东惠州大学中文系）
　　第三单元：语文课堂教学导入技能训练　　（桑志军　广东教育学院中文系）
　　第四单元：语文课堂教学朗读技能训练　　（陈　斐　广东湛江师范学院中文系）
　　第五单元：语文课堂教学提问技能训练　　（古晓君　广东嘉应学院中文系）
　　　　　　　　　　　　　　　　　　　　　（周立群　广东湛江师范学院中文系）
　　第六单元：语文课堂教学板书技能训练　　（唐　越　广东韩山师范学院 中文系）
　　第七单元：语文课堂教学评价技能训练　　（董芳远　广东惠州大学中文系）
　　第八单元：语文课堂教学体态语技能训练（邓干基　广东惠州大学中文系）
　　第九单元：语文课堂教学反思技能训练　　（黎雪芬　广东韶关师范学院中文系）
　　第十单元：语文教学说课技能训练　　　　（林　晖　广州大学中文系）
　　承担本书统稿任务的是周小蓬、顾咏梅（扬州大学附属中学）。
　　本书在撰写过程中，参考了很多相关的书籍和资料，也引用了一些优秀语文教师的案例和一些实录，在此表示我们诚挚的谢意！由于书稿撰写的时间较紧，也由于我们的水平有限，书中难免有不少纰漏，希望广大的读者能够多提宝贵的意见。我们不胜感谢！
　　本书是师范院校中文师范生语文教学技能训练用书。

编者

北京大学出版社
教育出版中心 精品图书

21世纪教育科学系列教材
书名	作者	价格
现代教育技术——信息技术走进新课堂	冯玲玉 主编	39元
教育学学程——模块化理念的教师行动与体验	闫祯 主编	45元
教师教育技术——从理论到实践	王以宁 主编	36元
教师教育概论	李进 主编	75元
基础教育哲学	陈建华 著	35元
当代教育行政原理	龚怡祖 编著	37元
教育心理学	李晓东 主编	34元
教育计量学	岳昌君 著	26元
教育经济学	刘志民 著	39元
现代教学论基础	徐继存 赵昌木 主编	35元
现代教育评价教程	吴钢 著	32元
心理与教育测量	顾海根 主编	28元
高等教育的社会经济学	金子元久 著	32元
信息技术在学科教学中的应用	陈勇 等编著	33元

教师资格认定及师范类毕业生上岗考试辅导教材
书名	作者	价格
教育学	余文森 王晞 主编	26元
教育心理学概论	连榕 罗丽芳 主编	35元

21世纪教师教育系列教材·学科教学论系列
书名	作者	价格
新理念化学教学论	王后雄 主编	38元
新理念科学教学论（第二版）	崔鸿 张海珠 主编	36元
新理念生物教学论	崔鸿 郑晓慧 主编	36元
新理念地理教学论	李家清 主编	37元
新理念历史教学论	杜芳 主编	29元
新理念思想政治（品德）教学论	胡田庚 主编	32元
新理念信息技术教学论	吴军其 主编	30元

王后雄教师教育系列教材
书名	作者	价格
教育考试的理论与方法	王后雄 主编	35元
化学教育测量与评价	王后雄 主编	45元

西方心理学名著译丛
书名	作者	价格
拓扑心理学原理	[德]库尔德·勒温	32元
系统心理学：绪论	[美]爱德华·铁钦纳	30元
社会心理学导论	[美]威廉·麦独孤	36元
思维与语言	[俄]列夫·维果茨基	30元
人类的学习	[美]爱德华·桑代克	30元
基础与应用心理学	[德]雨果·闵斯特伯格	36元
格式塔心理学原理	[美]库尔特·考夫卡	75元
动物和人的目的性行为	[美]爱德华·托尔曼	44元
西方心理学史大纲	唐钺	42元

心理学视野中的文学丛书
书名	作者	价格
围城内外——西方经典爱情小说的进化心理学透视	熊哲宏	32元
我爱故我在——西方文学大师的爱情与爱情心理学	熊哲宏	32元

21世纪教学活动设计案例精选丛书（禹明 主编）
书名	价格
初中语文教学活动设计案例精选	23元
初中数学教学活动设计案例精选	24元
初中科学教学活动设计案例精选	22元
初中历史与社会教学活动设计案例精选	26元
初中英语教学活动设计案例精选	19元
初中思想品德教学活动设计案例精选	20元
中小学音乐教学活动设计案例精选	22元
中小学体育（体育与健康）教学活动设计案例精选	20元
中小学美术教学活动设计案例精选	29元
中小学综合实践活动教学活动设计案例精选	22元
小学语文教学活动设计案例精选	25元
小学数学教学活动设计案例精选	33元
小学科学教学活动设计案例精选	23元
小学英语教学活动设计案例精选	18元
小学品德与生活（社会）教学活动设计案例精选	24元
幼儿教育教学活动设计案例精选	36元

21世纪教育技术学精品教材（张景中 主编）
书名	作者	价格
教育技术学导论	李芒 金林 编著	26元
远程教育原理与技术	王继新 张屹 编著	41元
教学系统设计理论与实践	杨九民 梁林梅 编著	29元
信息技术教学论	雷体南 叶良明 主编	29元
网络教育资源设计与开发	刘清堂 主编	30元
学与教的理论与方式	刘雍潜	32元
信息技术与课程整合	赵呈领 杨琳 刘清堂	32元
教育技术研究方法	张屹 黄磊	38元
教育技术项目实践	潘克明	32元